Émile Durkheim

La contribution de Montesquieu à la constitution de la science sociale

essai

ISBN : 978-1511766661

10 9 8 7 6 5 4 3 2 1

Émile Durkheim

La contribution de Montesquieu à la constitution de la science sociale

essai

Table de Matières

Introduction

Oublieux de notre histoire, nous avons pris l'habitude de considérer la science sociale comme étrangère à nos mœurs et à l'esprit français. Le fait que d'illustres philosophes qui ont tout récemment écrit sur ces matières, ont jeté leur éclat en Angleterre et en Allemagne [1], nous a fait oublier que cette science a d'abord pris naissance chez nous. Et pourtant ce n'est pas seulement le Français Auguste Comte qui a été le premier à lui donner son fondement propre, à en distinguer les parties essentielles et à lui donner un nom particulier, à vrai dire un peu barbare : le nom de sociologie ; mais tout cet élan qui nous porte aujourd'hui vers les problèmes sociaux, est venu de nos philosophes du XVIIIe siècle. Dans cette brillante cohorte d'écrivains, Montesquieu se détache parmi tous les autres : c'est lui, en effet, qui, dans son livre De l'Esprit des Lois, a établi les principes de la science nouvelle.

Sans doute, dans cet ouvrage, Montesquieu n'a pas traité de tous les faits sociaux, mais d'un seul genre parmi ceux-ci, a savoir : des lois. Toutefois la méthode qu'il emploie pour interpréter les différentes formes du droit, est valable aussi pour les autres institutions sociales et peut leur être appliquée d'une façon générale. Bien mieux, comme les lois touchent à la vie sociale toute entière, Montesquieu aborde nécessairement celle-ci à peu près sous tous ses aspects : c'est ainsi que pour exposer ce qu'est le droit domestique, comment les lois s'harmonisent avec la religion, la moralité, etc., il est obligé de considérer la nature de la famille, de la religion, de la moralité, si bien qu'il a, au vrai, écrit un traité portant sur l'ensemble des faits sociaux.

Qu'on n'aille pas croire pour autant que ce livre renferme beaucoup de propositions qui, tels des théorèmes parfaitement démontrés, puissent être retenues par la science actuelle. A cette époque, en effet, presque tous les instruments qui nous sont nécessaires pour nous permettre d'explorer à fond la nature des sociétés, faisaient défaut. L'histoire, encore dans l'enfance, commençait à peine à grandir ; les récits des voyageurs touchant les peuples lointains, leurs mœurs et

---

1 Rappelons quelques dates. En Angleterre : BAGEHOT, Physics and Politics, 1872 ; SPENCER, Principles of Sociology, 1876 et suiv. (trad. fr., 1878-1879), et Descriptive Sociology, 1873-1881. En Allemagne : SCHAEFFLE, Bau und Leben des socialen Körpers, 1875 ; TONNIES, Gemeinschaft und Gesellschaft, 1887. [N. du T.].

Émile Durkheim

leurs lois étaient très rares et sans certitude ; la statistique qui permet de calculer selon une méthode déterminée les divers événements de la vie, les décès, les mariages, les crimes, etc., n'était pas encore en usage. En outre, la société n'étant rien d'autre qu'un grand être vivant qui a son esprit propre, analogue au nôtre, on peut d'autant plus exactement à facilement découvrir les lois de la société humaine que celles de l'esprit, humain sont déjà connues : or, au dernier siècle, toutes ces études n'étaient encore qu'à leurs débuts et se trouvaient à peine ébauchées. Mais il s'en faut qu'on ne puisse bien mériter de la science qu'en l'enrichissant de vérités certaines : il n'est pas moins appréciable de lui donner conscience de son objet, de sa nature et de sa méthode et de préparer les bases sur lesquelles elle s'établira. Telle fut précisément la contribution de Montesquieu à notre science. Il n'a pas toujours correctement interprété l'histoire, et il est facile de le convaincre d'erreur ; mais personne auparavant ne s'était avancé aussi loin dans la voie qui a conduit ses successeurs à la vraie science sociale; personne n'avait discerné aussi clairement les conditions nécessaires à l'établissement de cette science.

Mais il nous faut d'abord exposer quelles sont ces conditions.

Chapitre I

Conditions nécessaires à la constitution de la science sociale

I

Une discipline ne mérite le nom de science que si elle a un objet déterminé à explorer. La science en effet s'occupe de choses, de réalités ; si elle n'a pas un donné à décrire et à interpréter, elle repose sur le vide ; il n'est rien qu'elle puisse se proposer en dehors de cette description et de cette interprétation du réel. C'est sous cet angle que l'arithmétique considère les nombres, la géométrie, l'espace et les figures, les sciences de la nature, les corps animés et inanimés, la psychologie enfin, l'esprit humain. Aussi, pour qu'une science sociale pût être constituée, était-il nécessaire, avant toutes choses, de lui assigner un objet déterminé.

Au premier abord, rien de plus facile que de résoudre cette difficulté. La Science sociale n'a-t-elle pas pour objet les choses sociales, c'est-à-dire les lois, les mœurs, les religions, etc. ? Mais, si l'on regarde l'histoire, il est clair que, parmi les philosophes, aucun, jusqu'à une époque toute récente, ne les a conçues ainsi. Ils pensaient en effet que tout cela dépend de la volonté humaine, si bien qu'ils ne se rendaient pas compte que c'étaient de véritables choses, tout comme les autres choses de la nature, qui ont leurs caractères propres et, par suite, exigent des sciences capables de les décrire et de les expliquer ; il leur paraissait suffisant de rechercher ce que, dans les sociétés constituées, la volonté humaine doit se proposer comme but ou ce qu'elle doit fuir. Aussi recherchaient-ils, non ce que sont les institutions et les faits sociaux, leur nature et leur origine, mais ce qu'ils devraient être ; ils se souciaient, non de nous fournir une image de la nature aussi vraie que possible, mais de proposer à notre admiration et à notre imitation l'idée d'une société parfaite. Aristote lui-même, bien qu'il ait prêté attention à l'expérience beaucoup plus que Platon, s'est proposé de découvrir, non les lois de la vie en commun, mais la meilleure forme de société. Au point de départ, il pose que les sociétés ne doivent avoir d'autre but que de rendre leurs membres heureux par la pratique de la vertu et que celle-ci consiste dans la contemplation ; il n'établit pas ce principe comme une loi que les sociétés observent en réalité, mais comme une loi qu'elles devraient suivre pour que les hommes puissent accomplir leur nature propre. Par la suite, il est vrai, il se retourne vers les faits historiques, mais ce n'est guère que pour porter sur eux un jugement et pour montrer comment ses propres principes peuvent s'adapter à des contingences diverses. Les autres écrivains politiques qui lui ont succédé, ont plus ou moins suivi son exemple. Qu'ils négligent complètement la réalité ou qu'ils l'examinent plus ou moins attentivement, tous n'ont qu'un but : non pas de connaître cette réalité, mais de la corriger ou même de la transformer de fond en comble ; le présent et le passé ne les retiennent pour ainsi dire pas : ils regardent vers l'avenir. Or toute discipline qui regarde vers l'avenir, manque d'un objet bien déterminé et doit par suite recevoir le nom, non pas de science, mais d'art.

Je reconnais que cet art a toujours impliqué une certaine science. Jamais personne n'a affirmé qu'une forme d'État devait être préférée aux autres sans essayer d'appuyer ses préférences par des arguments démonstratifs ; et, nécessairement, ces arguments reposent sur quelque réalité. Si, par exemple, on croit que la démocratie vaut mieux que l'aristocratie, on montre qu'elle s'accorde mieux avec la nature humaine ou bien l'on fait voir, par l'histoire, que les peuples qui jouissaient de la liberté ont surpassé les autres, etc. Quoi que nous tentions, lorsque nous agissons avec méthode, soit pour explorer la nature, soit pour formuler des règles de vie, il faut en revenir aux choses, c'est-à-dire à la science.

Mais, en premier lieu, les écrivains ayant l'habitude de déduire leurs opinions sur ces questions de la condition humaine plutôt que de l'état des sociétés, cette science, si toutefois il est permis d'employer ce mot, ne contient le plus souvent rien qui soit véritablement social. Et en effet, quand on a démontré que les hommes sont nés pour la liberté ou au contraire qu'ils ont besoin, avant tout, de sécurité, et que l'on conclut de là de quelle façon l'État doit être constitué, où est, en pareil cas, la science sociale ? Tout ce qui, en de telles discussions, ressemble à la science, relève de la psychologie, tandis que tout ce qui a trait à la société, est de l'art ; si par hasard quelque chose y appartient à la propre description ou interprétation des choses sociales, ce n'en est qu'une minime partie, et reléguée au second plan. Telle est la théorie d'Aristote sur les causes qui modifient ou bouleversent les constitutions politiques.

D'autre part, la science, lorsqu'elle se mêle à l'art, ne peut conserver sans altération sa nature propre : elle dégénère en l'on ne sait quoi d'équivoque. L'art en effet consiste à agir ; il est donc pressé par l'urgence ; il entraîne et pousse avec lui la science qu'il contient. La vraie science ne souffre pas tant de précipitation. En effet, chaque fois que l'on recherche ce qu'il faut faire - ce qui est le rôle propre de l'art, on n'a pas le loisir de temporiser sans limite on doit répondre le plus vite possible, parce qu'il faut vivre. Si l'État est malade, il est impossible de demeurer dans le doute et l'hésitation jusqu'à ce que la science sociale ait décrit la nature du mal et découvert ses causes ; il faut agir sans retard. Toutefois, possédant une intelligence et la faculté de délibérer, nous ne prenons pas nos décisions au hasard ; il est nécessaire que nous comprenions ou plutôt croyions comprendre les raisons de nos desseins. C'est pourquoi nous recueillons, comparons et interprétons hâtivement les faits qui nous tombent sous le sens ; en un mot, nous constituons, tout en marchant, une science improvisée grâce à laquelle notre opinion semble avoir un fondement. Voilà la science – combien altérée ! on le voit - qui se rencontre au sein de l'art lui-même. Ayant procédé sans méthode, elle ne peut nous offrir que des probabilités douteuses qui n'ont Pour nous que l'autorité que nous voulons bien leur prêter. Si nous les suivons, ce n'est pas que les arguments sur lesquels elles semblent s'appuyer, ne laissent place à aucune incertitude, c'est qu'elles répondent à nos sentiments intimes : elles ne nous inspirent que ce à quoi nous portent nos tendances spontanées. Au reste, en ces matières où notre intérêt est en cause, tout excite nos sentiments avec vivacité. Quand quelque chose est d'une telle importance pour notre vie, nous ne sommes pas capables de l'examiner avec soin et d'un esprit calme ; il y a des choses que nous aimons, d'autres que nous haïssons, d'autres que nous souhaitons ; et nous apportons avec nous nos haines, nos amours, nos désirs, qui viennent troubler notre réflexion. Ajoutez encore qu'il n'existe aucune règle bien déterminée permettant de discerner ce qui, par soi, est utile et ce qui ne l'est pas. Car, une seule et même chose étant le plus souvent utile par certain côté, préjudiciable de l'autre, et le préjudice ne pouvant être comparé mathématiquement avec l'utilité, chacun suit sa nature propre et, selon son naturel, considère tel ou tel côté de la chose et néglige l'autre. Il y a, par exemple, des gens qui sont tellement épris de la concorde des citoyens qu'ils ne voient rien de plus utile que l'unité aussi complète que possible de l'État et qui n'ont aucun regret pour la liberté si cette cohésion excessive la supprime ; il en est d'autres au contraire qui placent la liberté avant tout. C'est pourquoi tout cet assemblage d'arguments sur lesquels s'appuient les diverses opinions, n'exprime pas les choses, les réalités, ni le véritable ordre des choses, mais seulement des états d'âmes : ce qui est à l'opposé de la science véritable.

La science diffère donc de l'art au point qu'elle ne peut rester fidèle à sa propre nature qu'en demeurant entièrement indépendante, c'est-à-dire à condition de s'appliquer à un certain objet en vue de le connaître sans aucune préoccupation d'utilité. C'est à cette condition en effet que, sans être poussé par aucune nécessité vitale, loin des débats publics ou privés, on peut avoir le loisir de vaquer à l'étude dans la paix et le silence du cabinet, sans que rien nous pousse à avancer nos conclusions au delà de ce qu'autorisent nos arguments. Sans doute, même sur les questions abstraites, nos pensées ont leur origine dans le cœur ; car le cœur est la source d'où vient toute notre vie. Mais, si nous ne voulons pas nous abandonner témérairement à l'esclavage des sentiments, il faut qu'ils soient gouvernés par la raison et, par suite, que nous placions celle-ci au-dessus des contingences et des accidents de la vie ; autrement, étant inférieure en force aux désirs de toutes sortes qui nous agitent, elle se tournerait inévitablement du côté où ils la pousseraient.

N'allons pas croire que la science soit, pour cela, inutile à la direction de la vie humaine ; bien au contraire, elle prête à l'art une aide, d'autant plus efficace qu'elle en est mieux séparée. Qu'y a-t-il de plus souhaitable pour nous que d'être sains d'esprit et de corps ? Seule pourtant la science peut déterminer en quoi consiste la bonne santé mentale et corporelle. La science sociale, répartissant les diverses sociétés humaines en types et en espèces, ne peut faire autrement que de décrire ce qu'est la forme normale de la vie sociale dans chaque espèce, pour la simple raison qu'elle décrit l'espèce elle-même : car tout ce qui appartient à l'espèce est normal et tout ce qui est normal est sain. En outre, comme une autre partie de la science traite des maladies et de leurs causes, nous sommes ainsi informés, non seulement de ce qui est souhaitable, mais aussi de ce qu'il faut fuir et des moyens par lesquels les dangers peuvent être écartés. Aussi importe-t-il à l'art lui-même que la science se sépare et, pour ainsi dire, s'émancipe de lui.

Mais il y a plus : chaque science doit avoir son objet propre et particulier ; car si cet objet lui était commun avec les autres sciences, elle se confondrait elle-même avec elles.

II

Or n'importe quelle matière n'est pas susceptible d'une étude scientifique.

La première tâche de la science est de décrire, telles qu'elles sont, les réalités dont il s'agit. Mais, si ces réalités différaient entre elles au point de ne pas constituer un type, aucune description n'en pourrait être tentée par la voie rationnelle. Elles devraient en effet être considérées et définies une à une, chacune à part des autres. Or tout cas individuel comprend une infinité de propriétés entre lesquelles aucun choix ne peut être fait : on ne peut pas décrire ce qui est infini. Il ne resterait donc plus qu'à les traiter à la manière des poètes et des littérateurs qui dépeignent sans méthode ni procédé rationnel les choses telles qu'elles leur paraissent être. Au contraire, si elles peuvent être ramenées à des types, elles présentent quelque chose qui peut être véritablement défini et c'est ce qui constitue la nature de ces types. Car les caractères communs à tous les individus du même type, sont cri nombre fini et font connaître leur essence : il suffit donc de les superposer les uns aux autres et de noter par où ils concordent. En un mot, la science ne peut décrire les individus, mais seulement les types. C'est pourquoi il n'y aura dans la Science sociale aucune place pour cette première approche de la science, si l'on ne peut classer les sociétés humaines par types et par espèces.

Aristote, il est vrai, avait depuis longtemps distingué l'aristocratie, la monarchie et la [mot en grec dans le texte]. Mais il ne faut pas confondre les espèces de sociétés avec les différentes formes d'États : deux sociétés peuvent être de types différents, tout en étant gouvernées de la même façon. C'est ainsi que certaines [mot en grec dans le texte], savoir les cités grecques, et la plupart des nations barbares méritent également le nom de *monarchies* et l'ont en effet reçu d'Aristote parce qu'elles vivaient les unes et les autres sous des rois : elles n'en diffèrent pas moins en nature. Bien plus, chez le même peuple, le régime de l'État peut être changé, bien que la société elle-même ne change pas pour cela d'espèce. Cette classification des sociétés par Aristote n'exprime donc rien touchant la nature des sociétés. Mais les philosophes qui ont traité par la suite de ces questions, ont imité cette classification et n'ont pas essayé d'en établir une autre ; c'est qu'ils ne croyaient pas à la possibilité de comparer entre elles les sociétés humaines sauf en ce qui touche à la forme de l'État. Les autres éléments qui ont trait à la moralité, à la religion, au commerce, à la famille, etc., leur paraissaient être tellement fortuits et variables que personne n'entreprit de les ramener à des genres ou à des espèces. Et pourtant ce sont là des éléments qui ont des liens profonds avec la nature des sociétés : c'est là la véritable matière de la vie et par conséquent de la science sociale.

III

La description n'est cependant que le degré le plus bas de la science: celle-ci ne s'achève que par l'interprétation des choses. Or, pour cette interprétation, une autre condition est requise, dont l'existence dans les faits sociaux a été tout aussi longtemps niée.

Interpréter les choses, ce n'est rien d'autre que disposer les idées que nous en avons,. selon un ordre déterminé qui doit être le même que celui de ces choses. Ce qui suppose que, dans les choses elles-mêmes, cet ordre existe, c'est-à-dire qu'il s'y trouve des séries continues, dont les éléments sont liés entre eux de telle sorte qu'un effet résulte toujours de la même cause et ne peut sortir d'une autre. Que l'on suppose au contraire détruite la nécessité de ce lien causal, les effets pouvant se produire sans cause ou à la suite d'une cause quelconque, tout devient aussitôt capricieux et fortuit ; or ce qui est capricieux n'est pas susceptible d'interprétation. Il faut donc choisir : ou bien les choses sociales sont incompatibles avec la science, ou bien elles sont gouvernées par la même loi que les autres parties de l'univers.

Ce n'est pas ici le lieu d'examiner à fond toute cette question. Nous voulons montrer seulement qu'aucune science des sociétés n'est possible si elles échappent à cette loi ; et, la science faisant défaut, c'est aussi l'art lui-même, nous l'avons vu, qui s'évanouit en même temps, à moins qu'on ne fasse appel, pour établir les règles de la vie humaine, à on ne sait quelle faculté autre que notre raison. D'ailleurs, comme ce principe d'après lequel tous les phénomènes de l'univers sont étroitement liés entre eux, a déjà été mis à l'épreuve dans les autres domaines de la nature et qu'il ne s'y est jamais présenté comme faux, il est fort vraisemblable qu'il est valable aussi pour les sociétés humaines, lesquelles font partie de la nature. Rien en effet n'est plus opposé à une bonne méthode que de supposer à cette règle tant d'exceptions dont nous ne connaissons pas même un exemple. Beaucoup, il est vrai, ont objecté que cette nécessité est inconciliable avec la liberté humaine ; mais, comme nous l'avons déjà dit dans un autre ouvrage, cette discussion doit être écartée. Car, si le libre arbitre supprime vraiment les lois nécessaires, comme la volonté se manifeste inévitablement dans les choses extérieures, ce n'est pas seulement l'esprit, ce sont aussi le corps et les choses inanimées qu'il faut reconnaître étrangers à tout ordre et, par suite, à toute science. Or, il n'est personne aujourd'hui qui oserait mettre en question la possibilité des sciences de la nature ; il n'y a pas de raison pour que la science sociale ne jouisse pas du même statut.

Pourtant les hommes et les philosophes eux-mêmes sont naturellement enclins à rejeter des choses sociales le principe dont nous parlons. En effet, nous croyons ordinairement que nos actes n'ont pas d'autres raisons que celles dont l'action sur notre volonté apparaît à la lumière de la conscience et nous nions l'existence des autres parce que nous ne les sentons pas ; nous faisons de même pour les institutions sociales : c'est aux causes les plus apparentes que nous attribuons la puissance la plus grande, bien qu'elles la reçoivent d'autres causes. N'est-ce pas une tendance naturelle que de tenir ce qui est premier selon l'ordre de la connaissance pour premier aussi dans l'ordre de la réalité ? Or, y a-t-il, dans les institutions politiques, juridiques, religieuses, quelque chose qui soit plus manifeste, qui frappe davantage le regard, que la personnalité de ceux qui ont gouverné les États, rédigé les lois, établi les cérémonies sacrées ? Aussi la volonté personnelle des rois, des législateurs, des prophètes ou des prêtres semble-t-elle être la source d'où émane la vie sociale toute entière. Tous ces actes s'accomplissent en effet sous les regards de tout le monde et n'ont en eux-mêmes rien d'obscur. Le reste, au contraire, demeurant caché parmi les éléments peu apparents de l'organisme social, ne peut être aperçu facilement. C'est de là qu'est née cette superstition si répandue d'après laquelle le législateur, doué d'un pouvoir à peu près illimité, serait capable de créer, modifier, supprimer les lois selon son bon plaisir. Les historiens ont beau avoir aujourd'hui démontré que le droit est issu des mœurs, c'est-à-dire de la vie elle-même, moyennant de minimes développements intervenant peu à peu et en dehors des intentions concertées des législateurs : l'opinion en question est si profondément ancrée dans l'esprit humain que beaucoup y persévèrent encore. Qui l'accepte cependant doit se refuser à admettre qu'il existe un ordre déterminé dans les sociétés humaines : en pareil cas, en effet, les lois, les mœurs, les institutions dépendraient, non pas d'une nature constante de l'État, mais de l'événement fortuit qui a suscité tel ou tel législateur. S'il est vrai que, des mêmes citoyens, sous l'autorité d'un autre chef, un autre État peut sortir, la même cause, dans les mêmes circonstances, aura le pouvoir d'engendrer des effets différents ; les choses sociales n'auront donc pas de lien rationnel.

Rien n'a davantage retardé la science sociale que cette manière de voir, que les philosophes eux aussi ont tous acceptée soit consciemment soit inconsciemment. Les autres obstacles que nous avons indiqués ci-dessus ou dont nous parlerons plus bas, ne pouvaient en effet être écartés tant que celui-ci subsistait. Tant que tout, dans les sociétés, paraissait livré à une telle contingence, il ne pouvait venir à l'esprit de personne de les classer par types et par espèces. Il ne peut y avoir de types dans les choses s'il n'existe des causes qui, tout en faisant sentir leur puissance en des lieux et à des moments différents, engendrent toujours et partout les mêmes effets. D'autre part, si le législateur organise et dirige arbitrairement la vie sociale, où trouvera-t-on matière à science ? Tout ce qui est matière de science, consiste en des choses qui possèdent une nature propre et stable et sont capables de résister à la volonté humaine ; si au contraire elles sont, pour ainsi dire, flexibles à l'infini, rien ne nous excitera à les observer. Il n'y aura même en elles rien que l'observation puisse chercher à saisir ; car, si elles avaient par elles-mêmes une nature propre, personne ne pourrait les arranger selon son bon plaisir. De là vient que la Science sociale n'a été longtemps qu'un art.

Mais, dira-t-on, personne n'a jamais nié que la science de la nature humaine fût nécessaire à qui veut diriger les hommes. - Je l'accorde ; mais, comme nous l'avons montré ci-dessus, cette science doit être appelée psychologie, et non pas science sociale ; car elle a trait à l'homme individuel, non à la société. Pour que la science sociale existe réellement, il faut que les sociétés possèdent une certaine nature qui résulte de la nature même des éléments dont elles se composent ainsi que de leur disposition, et qui soit la source des faits sociaux : ces éléments une fois posés, ce personnage du législateur et sa légende s'évanouissent.

IV

Il ne suffit pas cependant d'avoir une matière propre à être connue scientifiquement. Si les types et les lois demeurent cachés au fond des choses de telle sorte qu'on ne puisse d'aucune manière les en tirer, la science de ces choses sociales restera éternellement à l'état de simple possibilité. Pour qu'elle s'établisse en fait, il est nécessaire que nous disposions de quelque méthode, appropriée à la nature des choses étudiées et aux exigences de la science.

Qu'on n'aille pas croire cependant que cette méthode se présente d'elle-même à l'esprit, dès qu'on aborde la science ; bien au contraire on ne la découvre que moyennant de multiples tentatives. La science des êtres vivants n'a-t-elle pas trouvé tout récemment le moyen d'étudier les lois de la vie chez les vivants eux-mêmes ? La psychologie, elle aussi, a longtemps tâtonné avant de réussir à se constituer une méthode propre. La science sociale est embarrassée de difficultés encore plus grandes. Les choses y sont en effet si diverses que ce qu'elles ont de commun reste comme dissimulé aux regards ; elles y sont si mobiles qu'elles semblent fuir l'observateur. De plus, les causes et les effets sont à tel point impliqués les uns dans les autres qu'il faut prendre de grandes précautions pour ne pas les confondre entre eux. Surtout, il est impossible de faire des expériences dans les sociétés humaines et il n'est pas facile de trouver un autre procédé capable de remplacer l'expérience. Il apparaît donc que la méthode ne peut être constituée avant que la science n'ait été ébauchée : elle se dégage de la science, tout en lui étant indispensable.

Cherchons maintenant jusqu'à quel point Montesquieu, dans l'Esprit *des lois,* a satisfait à ces conditions indispensables à la science.

Chapitre II

En quelle mesure Montesquieu a-t-il assigné à la science sociale un objet propre

I

Il est étrange que tant de discussions aient eu pour objet le but que Montesquieu s'est proposé dans son livre : en plusieurs passages il nous dit lui-même quel est son projet. « Cet Ouvrage a pour objet les Lois, les Coutumes et les divers Usages de tous les Peuples de la Terre. On peut dire que le sujet en est immense, puisqu'il embrasse toutes les institutions qui sont reçues parmi les hommes ». Montesquieu aborde donc l'étude des choses sociales en vue d'examiner leur nature, « d'en chercher l'origine, d'en découvrir les causes physiques et morales » [1]. Quant à jouer le rôle du législateur, cela, déclare-t-il humblement, dépasse ses forces : bien loin de l'assumer, il se garde surtout d'imiter l'exemple de ceux qui entreprennent de refaire la société depuis ses bases. « Je n'écris point, dit-il, pour censurer ce qui est établi dans quelque pays que ce soit. Chaque nation trouvera ici les raisons de ses maximes... Si je pouvais faire en sorte que tout le monde eût de nouvelles raisons pour aimer ses devoirs, son prince, sa patrie, ses lois; qu'on pût mieux sentir son bonheur dans chaque pays, dans chaque gouvernement, je me croirais le plus heureux des mortels ».

Ce dessein, il s'est si bien appliqué à le réaliser que beaucoup l'ont même blâmé de n'avoir jamais rien blâmé, mais d'avoir respecté la réalité au point de n'oser même pas porter un jugement sur elle. Il est bien loin pourtant de considérer les choses humaines d'un regard aussi tranquille, et ceux qui lui ont reproché cette indifférence, ont sans aucun doute laissé échapper le sens de son ouvrage. Mais beaucoup de coutumes qui s'écartent des nôtres et que repoussent aujourd'hui tous les peuples de l'Europe, ont, à son avis, un fondement légitime dans la nature de certaines sociétés. C'est ainsi qu'il estime qu'une certaine forme d'esclavage, modérée certes et humaine, que la polygamie, que les religions fausses et beaucoup d'autres coutumes de ce genre sont adaptées à certaines époques et à certains pays ; il n'est pas jusqu'à la

---

1 *Loc. cit.* [*N. du T.*].

forme de régime politique qui lui est la plus odieuse, nous voulons dire : le gouvernement despotique [1], qu'il ne juge nécessaire aux peuples de l'Orient.

Ne concluons pas de là que Montesquieu s'est tenu à l'écart de tout problème se rapportant à la pratique. Il déclare au contraire lui-même qu'il recherche « les institutions qui conviennent le plus à la société et à chaque société ; ... celles qui ont un degré de bonté par elles-mêmes [et celles qui n'en ont aucun] [2] : de deux pratiques pernicieuses, celle qui l'est plus et celle qui l'est moins ». C'est pourquoi ce ne sont pu seulement les lois, mais les règles de la vie humaine qui sont étudiées dans son livre ; ce n'est pas seulement la science, mais aussi l'art. Bien plus, ce n'est pas sans quelque raison qu'on peut le blâmer de ne pas les avoir séparés suffisamment. Il ne consacre pas une partie de son ouvrage à chercher ce qui est, une autre à déterminer ce qui doit être : l'art et la science s'y mêlent à tel point que le plus souvent on passe sans s'en apercevoir de l'un à l'autre. Il ne sépare pas encore de façon nette ces deux séries de problèmes, il les discute simultanément : et. qui n'est pas sans inconvénient, puisqu'elles exigent des méthodes différentes.

Cette confusion est pourtant différente de celle qui était habituelle chez les philosophes antérieurs. D'abord, la science que l'on rencontre chez Montesquieu, est réellement la science sociale : elle ne traite pas de la conscience de l'homme individuel ; ce sont les choses sociales qu'elle a pour objet. Cette science nouvelle, bien qu'elle ne soit pas suffisamment distinguée de l'art, possède du moins l'existence. J'ajoute que, bien loin d'être étouffée sous les problèmes qui ont trait à l'action, elle occupe la majeure partie du livre. Elle commande à l'art, bien loin d'en être la servante, et elle peut mieux ainsi rester fidèle à sa nature propre. L'auteur s'est en effet avant tout donné comme but de connaître et d'expliquer ce qui est ou a été. Les règles qu'il énonce, ne sont le plus souvent rien d'autre que des vérités, traduites en un autre langage, que la science a déjà démontrées auparavant à l'aide de sa méthode propre. Il ne s'agit pas en effet d'instaurer on ne sait quel nouvel ordre politique, mais de déterminer des formes politiques normales, ce qui est le propre de la science. Comme, pour chaque corps social, le salut

---

1 *En latin : Tyrannida. [N. du T.].*

2 *Les mots entre crochets n'ont pas été traduits par Durkheim. [N. du T.].*

du peuple est la loi suprême et que la société ne peut se conserver sans veiller à sauvegarder l'intégrité de sa nature propre, il suffit de décrire cette nature pour pouvoir en conclure ce qu'il y a lieu de rechercher et ce qu'il y a lieu de fuir : car la maladie doit être évitée de toute façon, tandis que la santé est toujours souhaitable. Par exemple, après avoir démontré que la Démocratie ne peut exister que dans les petits États, Montesquieu pouvait facilement formuler ce précepte [1] que toute Démocratie doit s'abstenir d'étendre excessivement ses frontières, Ce n'est, comme nous le verrons mieux plus loin, que dans de rares cas qu'il peut arriver que l'art remplace la science sans y être dûment autorisé.

D'ailleurs, ces règles mêmes, étant établies par des moyens nouveaux, diffèrent beaucoup de celles que l'on rencontre chez les écrivains politiques antérieurs. Ces derniers nous présentaient un type, supérieur à toutes les déterminations spatiales et temporelles, qui devait convenir au genre humain tout entier. Ils avaient la conviction qu'il existait une forme unique de régime politique, une discipline unique de la moralité et du droit, qui était en accord avec la nature de tous les hommes, et que toutes les autres formes qui se rencontrent dans l'histoire, sont vicieuses ou tout au moins imparfaites et que seule l'inexpérience des peuples a pu leur donner naissance. N'en soyons pas surpris : ils avaient fermé les yeux sur l'histoire ; ils ne pouvaient donc se rendre compte que l'homme n'est pas toujours et partout le même, qu'il est au contraire mobile et divers et que, par suite, ces différences dans les mœurs, les lois, les institutions sont fondées dans la nature des choses. Montesquieu, lui, comprend que les règles de vie sont sujettes à changer avec les conditions de vie. Dans ses investigations, il avait vu s'offrir à lui différentes espèces de sociétés qui étaient également normales ; il ne pouvait donc lui venir à l'esprit de formuler des règles qui fussent valables pour tous les peuples : il adapte les siennes à la nature propre de chaque genre de société. Ce que la monarchie doit rechercher, la démocratie doit le fuir ; et pourtant ni la monarchie ni non plus la démocratie ne possèdent par elles-mêmes une telle supériorité qu'elles doivent, l'une ou l'autre, être préférées à tous les régimes politiques. Mais ce sont les conditions de temps et de lieu qui font que c'est tantôt telle forme de gouvernement, tantôt telle autre

---

1 *Le texte latin porte ici, par une faute typographique évidente,* prœcipue *au lieu de* prœcipere. *[N. du T.].*

qui convient [1]. Montesquieu n'est donc pas tellement indifférent aux avantages des choses qu'il décrit ; mais il traite ces problèmes avec une autre méthode que celle dont on usait habituellement. Il n'approuve pas tout ce qui s'est fait ; mais il décide de ce qui est bien et de ce qui ne l'est pas, d'après des normes qu'il tire des choses elles-mêmes et qui, pour cette raison, correspondent à la diversité de ces choses.

II

Montesquieu ne se borne pas à aborder les choses sociales comme un objet offert à l'observateur : il les considère comme distinctes de celles que traitent les autres sciences.

Certes, il énumère des lois qui, abstraction faite de tout état de société, découlent de la condition humaine et qui, par suite, relèvent de la psychologie pure, et il les appelle lois de la nature [2]. Mais remarquons quelles elles sont : ce sont le droit de conserver la vie ou de vivre en paix [3], le droit de se nourrir, le droit pour chaque sexe de céder à son penchant pour l'autre [4], enfin le droit d'avoir des relations de société avec ses voisins [5]. Il ajoute qu'une certaine idée de Dieu est la première des lois naturelles par son importance, sinon selon l'ordre chronologique ; mais on ne voit pas clairement quelle place il lui assigne parmi les autres. Quoi qu'il en soit, tous ces éléments, étant issus de la vie individuelle, ont aussi leur fin dans la vie individuelle, et non dans la vie sociale, ou du moins c'est à peine s'ils la préparent ; car l'instinct

---

1 Il admire sans doute la Monarchie parce qu'il trouve dans sa structure un art beaucoup plus grand, mais ce n'est pas, à ses yeux, une raison pour y voir la forme d'État la meilleure en soi : tout au contraire, s'il arrivait qu'elle fût établie dans une société comptant un petit nombre de citoyens ce serait, pour lui, une société destinée à périr.

2 « Avant toutes ces lois, sont celles de la nature, ainsi nommées parce qu'elles dérivent uniquement de la constitution de notre être. Pour les connaître bien, il faut considérer un homme avant l'établissement des sociétés. » (Liv. 1er, chap. II).

3 « L'homme dans l'état de nature songerait à la conservation de son être, avant de chercher l'origine de son être... On ne chercherait donc point à s'attaquer et la paix serait la première loi naturelle. » (Ibid. ; liv. XXVI, chap. III et VII).

4 « La prière naturelle qu'ils se font toujours l'un (un sexe) à l'autre serait une troisième loi. »

5 « Le désir de vivre en société est une quatrième loi naturelle. »

qui nous pousse à nouer des relations avec nos semblables, s'il ouvre les voies à la société, n'en produit cependant pas les formes, la nature, ni les lois. Il n'y a rien dans les institutions sociales qui puisse être expliqué par ce moyen. Au reste, tout ce problème n'est traité par notre auteur que de façon rapide et superficielle : il n'a pas directement rapport au but qu'il se propose ; il ne l'effleure que pour mieux définir son sujet, c'est-à-dire le distinguer des problèmes voisins.

Quant aux lois qui regardent la société, il les sépare absolument des précédentes et il leur donne un nom particulier, parce qu'elles ne peuvent se déduire de la nature de l'homme. Ce sont celles dont il est question dans son livre ; c'est là le véritable objet de la recherche qu'il entreprend : c'est le droit des gens, le droit civil, le droit politique, ce sont toutes les institutions principales de la société humaine. Mais interprétons avec attention le sens des termes. S'il ne donne pas le nom de *naturelles* a ces diverses formes du droit, il ne les estime pas cependant étrangères à la nature, mais fondées dans la réalité d'une autre façon que les premières : elles résultent en effet, selon lui, non de la nature de l'homme, mais de celle des sociétés. Leurs causes doivent être cherchées, non dans l'esprit humain, mais dans les conditions de la vie sociale. Si l'on veut, par exemple, comprendre les règles du droit civil chez un peuple donné, on doit considérer le nombre des citoyens, la façon dont ils sont associés entre eux ; s'il s'agit des préceptes du droit politique, on examinera la situation respective des dirigeants et des simples particuliers, etc. Bien sûr, les sociétés n'étant constituées que d'hommes individuels, leur nature dépend pour une part de celle des hommes ; mais, dans des sociétés différentes, l'homme lui-même est autre. Il n'a pas la même mentalité [1], il n'a pas les mêmes désirs en Monarchie, en Démocratie ou sous le Gouvernement despotique. Si Montesquieu a réservé le nom de « naturelles » aux seules lois qui concernent la vie individuelle, comme si les autres ne le méritaient pas, il faut en rendre responsables les habitudes de son époque. Les philosophes appelaient alors « état de nature » l'état de l'homme vivant en l'absence de toute société et « droit naturel » les lois auxquelles on se conformait dans un tel état. Il a retenu le terme dans son sens habituel, bien que celui-ci présentât quelque ambiguïté.

---

1 En latin : animi habitus. [N. du T.].

Émile Durkheim

Cette manière de voir a instauré une nouvelle philosophie du droit. En effet, jusqu'à cette époque, les philosophes se divisaient, sur ces problèmes, en deux écoles. Les uns enseignaient que le droit, dans son ensemble, ne se fonde pas sur la nature des choses, mais a été établi par la libre volonté des hommes et à la suite d'on ne sait quelle convention originelle. Les autres étaient d'avis qu'une partie du droit, mais celle-là seulement, était naturelle : savoir celle qui pouvait se déduire de la notion générale de l'homme. Seule en effet la nature de l'homme individuel semblait suffisamment définie et stable pour pouvoir servir de fondement solide au droit. Ces derniers ne différaient donc pas tellement d'avis avec les philosophes antérieurs. Les principes suprêmes, d'ailleurs en très petit nombre, pouvant seuls être ramenés à cette origine, les lois particulières dont regorgent les codes des différents peuples, étaient, a leurs yeux aussi, oeuvre artificielle de l'homme. Ces auteurs s'opposaient sans doute à Hobbes, qui niaient que l'homme fût poussé par un élan naturel à la vie sociale. Mais ils pensaient que sinon la société elle-même, du moins les formes politiques et la plupart des institutions sociales ne relèvent que de la pure convention. Montesquieu au contraire déclare que ce ne sont pas seulement les règles générales qui sont naturelles, mais aussi tout le système des lois, telles qu'elles sont ou ont été en vigueur chez les différentes nations : il les fait dériver toutefois de la nature du corps social, et non de celle de l'homme. Il a admirablement compris en effet que la nature des sociétés n'est pas moins consistante et inébranlable que celle de l'homme, et qu'il n'est pas plus facile de faire passer les peuples que les êtres vivants d'une espèce à une autre. Rien de plus injuste par conséquent que de comparer Montesquieu à Machiavel, lequel n'a considéré les lois que comme des instruments dont les princes peuvent user à leur gré. Notre auteur au contraire établit le droit sur un fondement aussi stable que Grotius et ses disciples, mais, comme non-, l'avons dit, d'une manière toute nouvelle.

Il est vrai que, dans plusieurs passages de son œuvre, il semble parler de certains principes, même (lu droit civil et politique, comme s'ils se suffisaient à eux-mêmes et étaient indépendants de la nature des sociétés. « Avant qu'il y eût des lois faites, dit-il, il y avait des rapports de justice possibles. Dire qu'il n'y a rien de juste ni d'injuste que ce qu'ordonnent ou défendent les lois positives, c'est dire qu'avant qu'on eût tracé de cercle tous les rayons n'étaient pas égaux » [1].

Et pourtant ce passage ne contredit nullement l'interprétation exposée ci-dessus. Dire en effet que le droit des sociétés est fondé en nature, ce n'est pas affirmer qu'il n'existe aucune similitude entre les lois et coutumes des peuples. De même que toutes les sociétés, même les plus différentes, ont quelque chose de commun, de même il est des lois que l'on rencontre en toute société. Ce sont celles que Montesquieu dit convenir à la société humaine dans son ensemble : se présentant partout où la société existe, elles sont impliquées dans la notion même de société et peuvent s'expliquer par elle. Aussi, pour que leur vérité soit bien démontrée, il est sans importance qu'elles aient été réellement instituées par l'homme ou non, qu'il existe des sociétés ou qu'il n'y en ait jamais eu : il suffit qu'elles soient simplement conçues comme possibles. Ces lois, Montesquieu les appelle dans un autre passage la loi, absolument et universellement, et il déclare qu'elles ne sont rien d'autre que la raison humaine en tant qu'elle gouverne tous les peuples de la terre : elles peuvent en effet se déduire, par le seul pouvoir de la raison, de la définition de la société, pour peu que nous la possédions. Peut-être d'ailleurs, parce qu'on les rencontre chez tous les peuples et qu'en un sens, ou les conçoit comme antérieures à l'institution des sociétés, ne les a-t-il pas séparées nettement des lois de la nature.

Il n'est qu'une objection qui puisse être opposée à juste titre à cette doctrine. C'est qu'elle divise le droit et la vie morale, qui est une, en deux parts n'ayant ni même origine ni même nature. Il n'est donc pas facile de voir comment ils se rejoignent, d'autant plus qu'ils sont souvent en désaccord. Il arrive parfois que le droit naturel et que le droit civil on politique exigent de nous des attitudes contraires : s'ils n'ont pas de fondement commun, comment décider auquel des deux on doit obéir ? Montesquieu, sans doute, semble estimer qu'on doit suivre les lois de la nature de préférence aux autres. Mais pourquoi la nature de l'homme est-elle dans tous les cas plus sacrée que celle de la société ? Notre philosophe laisse la question sans réponse. Pour les philosophes antérieurs, cette difficulté n'existait pas, puisqu'ils déduisaient le droit d'un principe unique. Mais, s'il y a dualité de principes, notre vie se trouve tirée en deux sens, souvent contraires entre eux. Il ne

---

1 Livre III, chap. 1er.

Émile Durkheim

reste qu'une voie qui nous permette de nous évader de cette impasse : c'est de poser toutes les règles du droit et des mœurs, même celles qui regardent la vie individuelle, comme résultant de la vie sociale. Mais Montesquieu, tout en instaurant une manière de voir nouvelle, reste, sur ce point comme sur plusieurs autres, prisonnier d'une conception intérieure.

Chapitre II

Chapitre III

Comment Montesquieu classe les sociétés par types et par espèces

I

Il semble que Montesquieu ait classé, non les sociétés, mais la façon dont elles sont gouvernées et, par suite, repris simplement, en la modifiant quelque peu, la division habituelle. Il distingue en effet trois types [1] : la République qui englobe l'Aristocratie et la Démocratie la Monarchie, et le Gouvernement despotique. C'est pourquoi Comte le critique vivement d'avoir abandonné le projet qu'il avait exposé au commencement de son livre, et d'être revenu à la forme de l'œuvre aristotélicienne [2]. Si cependant l'on y regarde de plus près, on se convaincra que ces deux conceptions ne se ressemblent qu'en apparence.

Leur différence deviendra déjà manifeste, pour peu qu'on prenne garde que cette classification n'est pas tirée du nombre des gouvernants, selon la méthode d'Aristote. La Démocratie et l'Aristocratie sont considérées par Montesquieu comme deux variétés d'un seul et même type, bien que, dans l'une, ce soient tous les citoyens, dans l'autre, un petit nombre seulement qui aient accès au gouvernement. Par contre, la Monarchie et le Gouvernement despotique, quoique dans l'une et l'autre le pouvoir appartienne à un seul, constituent deux espèces, non seulement dissemblables, mais même absolument opposées entre elles. C'est pourquoi beaucoup d'auteurs ont accusé cette division de confusion et d'équivoque ; et l'accusation serait justifiée s'il était vrai que Montesquieu n'eût rien vu d'autre dans les sociétés que le régime politique. Mais, sur ce point, sa manière de voir a une bien plus grande portée. Car ces trois types de sociétés ne diffèrent pas seulement par le nombre des gouvernants et l'administration des affaires publiques, mais par leur nature toute entière.

Cela apparaît déjà clairement dès que l'on comprend comment

---

1 *Nous traduisons par « types » le mot latin genera.* [N. du T.].

2 Cours de philosophie positive, t. IV, p. 181. [*Ed. Schleicher, t. IV, p. 129*].

il les distingue. Tandis qu'Aristote et ses imitateurs empruntent leur classification à une notion abstraite de l'État, Montesquieu la tire des choses elles-mêmes. Ces trois types, il ne les déduit pas de quelque principe, posé a priori ; il les a formés par la comparaison des sociétés qu'il a connues par l'histoire ou les relations des voyageurs, ou bien par ses propres voyages à lui-même. Aussi, le sens des termes nous échapperait-il si nous ne commencions par chercher quels peuples sont ici désignés.

Il donne le nom de République, non à n'importe quelle société administrée par le peuple tout entier ou par une certaine partie du peuple, mais aux cités grecques et italiques de l'antiquité, auxquelles il faut ajouter les célèbres villes italiennes qui jetèrent leur éclat au moyen âge [1]. Les premières tiennent cependant la place principale ; dans tout le livre, chaque fois qu'il est question de République, il est clair que l'auteur a en vue Rome, Athènes, Sparte. C'est la raison pour laquelle il rassemble Démocratie et Aristocratie sous le même titre, celui de République. Comme, dans ces cités, l'une et l'autre forme se rencontrent pareillement ou même que l'une succède à l'autre chez le même peuple, elles ne pouvaient être complètement séparées. Au contraire, les peuples barbares, bien que très fréquemment gouvernés par l'ensemble des citoyens, ne se trouvent pas mêlés sous le même nom, ainsi que nous le verrons plus loin, et il n'est pas douteux que, si Montesquieu eût connu la forme politique que la France s'est donnée aujourd'hui, il ne l'aurait pas comptée au nombre des Républiques.

En ce qui concerne la Monarchie, il ne trouve cette structure sociale que chez les grands peuples de l'Europe moderne uniquement. Il démontre en effet qu'elle fut nécessairement inconnue aux peuples de l'antiquité et qu'elle fit sa première apparition lorsque les Germains envahirent l'empire romain et s'en partagèrent les fragments. Certes, il n'ignore pas que les Grecs et les Latins ont longtemps vécu sous le pouvoir des rois ; mais cette constitution de l'âge héroïque lui paraît extrêmement différente de la vraie nature de la Monarchie. Quant au Gouvernement despotique, bien qu'en un sens, il puisse prendre naissance, par corruption, de n'importe quelle forme politique, ce n'est,

---

1 Voir liv. X, chap. VIII, et liv. V, chap. VIII [*Montesquieu y parle de Venise et fait allusion à Gênes. - N. du T.*].

selon lui, qu'en Orient qu'il a eu une existence naturelle. Il entend par là les Turcs, les Perses et beaucoup d'autres peuples d'Asie, auxquels il faut joindre les peuples de l'Europe septentrionale. Or, qui pourrait douter que cités antiques, royaumes d'Orient et nations modernes de l'Europe occidentale ne soient trois espèces de sociétés, entièrement distinctes les unes des autres ?

II

Voyez d'ailleurs comment il les décrit. Il ne les distingue pas seulement les unes des autres parce qu'elles ne sont pas gouvernées de la même façon, mais parce qu'elles diffèrent par le nombre, la disposition et la cohésion de leurs éléments.

La République n'a fleuri que dans les petites villes et n'a jamais pu s'étendre au delà de leurs limites restreintes : tel est le type de la cité chez les Anciens. l'État despotique se rencontre au contraire chez des peuples aux dimensions considérables qui occupent d'immenses étendues, telles que les nations asiatiques. La Monarchie enfin a un volume moyen, et, si le nombre de ses sujets est supérieur à celui de la République, il est inférieur à celui du Gouvernement despotique.

De plus, les membres de ces différentes sociétés ne sont pas disposés selon la même ordonnance ni unis entre eux par les mêmes liens. En République et surtout en Démocratie, tous sont égaux entre eux et même semblables. La cité a, pour ainsi dire, l'aspect d'un bloc dont les éléments sont de même nature et juxtaposés les uns aux autres, sans qu'aucun possède la supériorité. Tous veillent également à la chose commune ; ceux qui détiennent les magistratures ne sont pas au-dessus des autres, car ils ne remplissent leurs charges que pour un temps. Bien mieux, même dans la vie privée, ils ne diffèrent guère davantage entre eux. En effet, c'est le principe de la République [1], ou du moins le but auquel elle tend, que personne ne dépasse trop les autres en ressources ; car, s'il est vrai qu'une égalité absolue n'est pas facile à réaliser, du moins, partout où la République existe, les lois font obstacle à ce qu'il y ait une trop grande distance entre les fortunes individuelles [2]. Or ceci

---

1 Livre V, chap. III et suiv.

2 Livre V, chap. V.

Émile Durkheim

ne pourrait se faire si chacun pouvait accroître ses richesses sans limites ; il est nécessaire que les moyens de tous soient médiocres pour qu'ils soient suffisamment égaux. « Chacun, dit Montesquieu, devant y avoir le même bonheur, y doit goûter les mêmes plaisirs et former les mêmes espérances. chose qu'on ne petit attendre que de la frugalité générale ».

Dans ces conditions, les fortunes privées, étant à ce point réduites, ne tiennent pas beaucoup de place dans la vie et la pensée de chacun, qui sont au contraire toutes remplies du souci de l'intérêt commun. Ainsi est donc supprimée la cause d'où la différence entre les hommes tire son origine principale. Bien mieux, la vie privée elle-même ne peut y être très différente. Car cette condition médiocre établie par la loi entre tous les citoyens supprime à peu près tous les stimulants au commerce, lequel ne peut guère exister sans une certaine inégalité des conditions [1]. Aussi tous ont-ils à peu près la même activité : ils travaillent à tirer d'une certaine portion de terre, qui est égale pour tous, ce qui leur est nécessaire pour vivre. En un mot, toute division du travail fait défaut entre les parties du corps social, à moins qu'on ne veuille appeler de ce nom cette alternance dans l'exercice des magistratures publiques dont nous avons parlé ci-dessus. - Cette peinture exprime plus spécialement la nature de la Démocratie ; quant à l'Aristocratie, comme elle est, pour Montesquieu, une altération de la Démocratie, il pense qu'elle est d'autant plus parfaite qu'elle est plus semblable à la Démocratie [2], ou peut la laisser de côté sans danger d'erreur.

Ce que petit faire, dans une telle société, la volonté unanime de tous les citoyens, on le comprend facilement. L'image de la patrie occupe les esprits, tandis que chacun en particulier est indifférent à son intérêt propre, parce qu'il n'a à peu près rien en propriété ; il n'y a donc rien qui puisse désunir les citoyens en les tirant vers des partis contraires. C'est là cette *vertu* que Montesquieu considère comme le fondement de la République. Il appelle en effet de ce nom, non pas la vertu éthique, mais la vertu politique qui consiste dans l'amour de la patrie et par laquelle nous nous faisons passer, nous-mêmes et nos intérêts, après ceux de

---

1 Livre V, chap. VI, et liv. IV. chap. VI.

2 « Plus une aristocratie approchera de la démocratie, plus elle sera parfaite ». (Liv. II, chap. III).

l'État [1]. On peut sans doute critiquer ce terme, non sans raison, car il est ambigu ; mais il n'est pas surprenant qu'il se soit présenté de lui-même à l'esprit de Montesquieu : n'appelons-nous pas *vertu* toute disposition morale qui impose une limite à un souci excessif de l'intérêt personnel ? Or, en République, cette disposition existe nécessairement chez tous, puisque l'âme sociale, s'il est permis de parler ainsi, réside dans l'esprit de chacun et que, par contre, ensuite de la frugalité générale, l'amour de soi n'a pas de matière où s'alimenter. Dans la conscience de chacun, la partie qui exprime la société et qui est la même chez tous, est étendue et puissante ; celle qui se rapporte au contraire à nous seuls et à nos affaires personnelles est restreinte et sans force : aussi, les citoyens, sans avoir besoin d'être poussés par une force extérieure, mais par suite d'un élan naturel, se détournent-ils d'eux-mêmes pour se tourner vers le bien commun.

Toute différente est la nature de la Monarchie. Dans celle-ci, toutes les fonctions, non seulement de la vie publique, mais aussi de la vie privée sont partagées entre les diverses classes de citoyens. Les uns s'adonnent à l'agriculture ; d'autres, au commerce ; d'autres, aux divers arts et métiers [2] ; il en est qui font les lois, d'autres qui les font exécuter, soit en jugeant, soit en gouvernant [3], et personne n'a le droit de s'écarter de son rôle et d'empiéter sur celui des autres [4]. C'est pourquoi la Monarchie ne peut se définir par le pouvoir d'un seul. Montesquieu lui-même ajoute d'ailleurs qu'une société ne doit jamais être appelée de ce nom, même si elle est gouvernée par un seul, lorsqu'il n'existe pas de lois fixes et constantes selon lesquelles le roi gouverne et qu'il ne peut

---

[1] « On peut définir cette vertu l'amour des lois et de la patrie. Cet amour, demandant une préférence continuelle de l'intérêt publie au sien propre, donne toutes les vertus particulières : elles ne sont que cette préférence ». (Liv. IV, chap. V).

[2] « Pour que l'état monarchique se soutienne, le luxe doit aller en croissant du laboureur à l'artisan au négociant, aux nobles, aux magistrats, etc... ». (Liv. VII, chap. IV).

[3] Livre XI, chap. VI.

[4] « Toutes ces prérogatives seront particulières à la noblesse et ne passeront point au peuple, si l'on ne veut choquer le principe du gouvernement ». (Liv, V, chap. IX). - « Il est contre l'esprit du commerce que la noblesse le fasse dans la monarchie ». (Liv. XX, chap. XXI. Cf. liv. XI, chap. VI).

modifier à son gré [1]. Ceci implique qu'il existe des ordres [2] constitués qui imposent des limites à son pouvoir. Bien qu'il soit supérieur à eux, il est nécessaire pourtant que ces ordres possèdent une puissance propre et qu'ils ne lui soient pas tellement inégaux qu'ils ne puissent lui résister. Supposez en effet que rien ne fasse obstacle à l'autorité du prince : il ne pourrait y avoir de loi qui limite sa volonté, puisque les lois elles-mêmes dépendraient de celle-ci seule. C'est là le principe par où la Monarchie diffère des autres régimes politiques : la *division du travail* qui, dans la République, était nulle, tend ici à son développement maximum [3]. La société pourrait alors être comparée à un être vivant dont les éléments, chacun suivant sa nature, remplissent différentes fonctions.

C'est la raison pour laquelle Montesquieu estime la liberté politique propre à la Monarchie [4]. En effet, les classes ou, pour nous servir d'un terme très usité à notre époque, les *organes* du corps social ne limitent pas seulement l'autorité du prince, ils se limitent réciproquement eux-mêmes. Chacun d'eux, étant empêché par les autres de s'accroître à l'infini et de tirer à soi toutes les forces de l'organisme, peut développer sa nature particulière sans obstacles, mais non pas sans mesure. On comprend maintenant quelle place tient chez Montesquieu la célèbre théorie de la division des pouvoirs ; elle n'est rien d'autre que la forme particulière de ce principe d'après lequel les différentes fonctions publiques doivent être réparties en des mains différentes. Si Montesquieu attache une telle importance à cette répartition, ce n'est pas en vue de supprimer tout désaccord entre les divers pouvoirs, mais au contraire en vue de les faire mieux rivaliser entre eux afin qu'aucun ne s'élève au-dessus des autres et les réduise à néant.

Le lien social ne peut donc être le même que dans la République. Chaque classe en effet, n'embrassant qu'un domaine restreint de la vie

---

1 Livre II, chap. 1er.

2 En latin : ordines. [N. du T.].

3 « Les pouvoirs intermédiaires, subordonnés et dépendants, constituent la nature du gouvernement monarchique ». (Liv. II, chap. IV). - « Les monarchies se corrompent lorsqu'on ôte peu à peu les prérogatives des corps ou les privilèges des villes ». (Liv. VIII, chap. VI). - « La monarchie se perd lorsqu'un prince... ôte les fonctions naturelles des uns pour les donner arbitrairement aux autres ». *(Ibid)*.

4 « La démocratie et l'aristocratie ne sont point des États libres par nature ». (Liv. XI, chap. IV).

sociale, ne voit rien au delà de la fonction qu'elle remplit. Aussi est-ce l'image de cette classe, non celle de la patrie, qui occupe les esprits ; chaque ordre ne tend qu'à un but : c'est de grandir lui-même, non d'accroître le bien commun. Il y a plus : même l'homme privé veille davantage à ses intérêts, En effet, tandis que, dans la République, l'égalité de tous a pour conséquence nécessaire la frugalité générale, cette diversité de conditions du régime monarchique excite au contraire les ambitions. Il y a des degrés différents d'honneurs, de dignités, de richesses, de pouvoir, de sorte que chacun a devant les yeux une condition de vie supérieure à la sienne et que, par suite, il envie. Les membres de la société détournent donc tout de l'intérêt commun vers l'intérêt personnel, si bien que toutes les conditions de cette *vertu* qui est le fondement de la République, font défaut [1]. Mais la cohésion des éléments naît de leur diversité même. Cette ambition qui met en mouvement les ordres et les individus, les stimule en effet, en même temps, à s'acquitter chacun le mieux possible de sa fonction. Aussi poursuivent-ils inconsciemment le bien commun, tout en croyant viser seulement des avantages personnels [2]. C'est cette émulation même entre les divers éléments de la société qui produit leur accord.

A ce stimulant de la vie publique dans la Monarchie, Montesquieu donne le nom d'honneur [3]. Par ce terme, il désigne les ambitions particulières, soit des individus, soit des classes, qui font que personne n'accepte volontiers une diminution de sa condition, mais essaye au contraire de l'élever toujours le plus possible. Ce qui ne peut se faire si les hommes n'ont pas des dispositions naturelles suffisamment élevées et un certain souci de la liberté et de la dignité qui n'est pas sans grandeur [4]. Toutefois, l'honneur, pouvant faire naître un amour de

---

1 « Les vertus qu'on nous y montre sont toujours moins ce que l'on doit aux autres que ce que l'on se doit à soi-même ; elles ne sont pas tant ce qui nous appelle vers nos concitoyens que ce qui nous en distingue ». (Liv. IV, chap. II, début).

2 « Il se trouve que chacun va au bien commun, croyant aller à ses intérêts particuliers ». (Liv. III, chap. VII).

3 « L'honneur fait mouvoir toutes les parties du corps politique ; il les lie par son action même ». Liv. III, chap. VII).

4 « L'honneur veut qu'on puisse indifféremment aspirer aux emplois ou les refuser ; il tient cette liberté au-dessus de la fortune même. L'honneur a donc ses règles suprêmes. Les principes sont qu'il nous est bien permis de faire cas de notre fortune, mais qu'il nous est souverainement défendu d'en faire aucun de notre vie. La seconde

soi excessif, devient facilement un défaut. C'est pour cette raison qu'en plusieurs passages Montesquieu en parle avec quelque sévérité, ainsi que des mœurs de la Monarchie. Ne croyons point d'ailleurs que, par ce jugement, il ait voulu rabaisser la Monarchie. Car ces inconvénients, qu'il reconnaît, viennent seulement du développement pris par les affaires privées et de la liberté plus grande dont jouissent les particuliers pour poursuivre leur intérêt propre. La vertu lui parait d'ailleurs si difficile et si rare que le chef prudent doit, selon lui, ne l'utiliser qu'avec le plus grand ménagement. C'est Pourquoi cette organisation si sage de la société qui, sans avoir besoin de la vertu, pousse les hommes à entreprendre de grandes choses, est à ses yeux si digne d'admiration qu'il lui fait facilement grâce de certains défauts.

Sur le Gouvernement despotique, je serai bref ; car Montesquieu lui-même semble avoir mis moins de soin à le décrire. Au reste, il tient le milieu entre les sociétés précédentes. l'État despotique est en effet une sorte de Monarchie dans laquelle tous les ordres seraient abolis [1] et où n'existerait aucune division du travail, ou bien une Démocratie dans laquelle tous les citoyens, sauf le chef de l'État, seraient égaux entre eux, mais égaux dans la servitude. Il offre donc l'aspect d'un être monstrueux dans lequel la tête seule serait vivante, parce qu'elle aurait tiré à elle toutes les forces de l'organisme. Aussi le principe de la vie sociale ne peut-il être ni la vertu parce que le peuple ignore les affaires de la communauté, ni l'honneur parce qu'aucune différence de condition n'existe. Si les hommes sont attachés à la société, c'est parce qu'ils sont si peu actifs qu'ils suivent la volonté du prince sans résistance, c'est-à-dire uniquement par crainte.

Ce qui précède suffit à établir clairement que Montesquieu a distingué de véritables espèces sociales. Ce serait encore plus manifeste si l'on descendait aux détails. Car ce ne sont pas seulement les principes de structure qui diffèrent, mais la vie tout entière. Les mœurs, les pratiques religieuses, la famille [2], le mariage, l'éducation des enfants [3],

est que, lorsque nous avons été une fois placés dans un rang, nous ne devons rien faire ni souffrir qui fasse voir que nous nous tenons inférieurs à ce rang même ». (Liv. IV, chap. II).

1 Livre VIII, chap. VI, début.

2 Livre XXIII.

3 Livre IV.

les crimes et les châtiments [1] ne sont pas les mêmes dans la République, dans l'État despotique ou dans la Monarchie. Montesquieu paraît même avoir été plus attentif aux différences entre les sociétés qu'à ce qui est commun à toutes.

III

Mais, dira-t-on, s'il a véritablement classé et décrit des espèces de sociétés, pourquoi les a-t-il définies ainsi et leur a-t-il donné ces noms ? Ce n'est pas, en effet, d'après la division du travail, ce n'est pas d'après la nature du lien social qu'il les distingue et les nomme, mais uniquement d'après la constitution de l'autorité souveraine.

Ces divers points de vue ne s'opposent pas entre eux. Il était en effet nécessaire de caractériser chaque type par la propriété qui, en lui, est essentielle et dont les autres sont la conséquence. Or, à première vue, la forme du gouvernement semble remplir cette condition. Il n'est rien en effet de plus apparent dans la vie publique, rien qui attire davantage les regards de tous. Le chef de l'État se tenant, pour ainsi dire, au sommet de la société et étant souvent appelé, et non sans raison, « la tête » du corps social, c'est de lui, croit-on, que tout dépend. Ajoutez à cela que, les philosophes n'ayant jusqu'alors rien découvert d'autre dans les choses sociales qui pût être classé par types et par espèces, il était difficile à Montesquieu, bien que sa tentative fût nouvelle, de se dépouiller tout à fait de leur manière de voir. Là est la raison pour laquelle il s'est appliqué à distinguer les formes de sociétés d'après les formes de gouvernement. Certes, bien des objections peuvent être faites à la méthode qu'il a suivie : ce caractère n'a par lui-même rien de propre ni de particulier ; comme nous l'avons déjà montré, la nature du pouvoir suprême peut subir des modifications tandis que celle de la société demeure inchangée, ou inversement elle peut être une et identique dans des sociétés qui diffèrent extrêmement les unes des autres. Mais l'erreur se trouve plutôt dans les termes que dans les choses ; car, en dehors de ce qui touche au régime politique, Montesquieu énumère beaucoup d'autres caractères qui lui servent à distinguer les sociétés les unes des autres.

---

1 Livre XII, chap. XVIII et suiv.

Émile Durkheim

Bien mieux, si l'on néglige les termes dont il se sert, on ne trouvera sans doute dans tout l'ouvrage rien de plus vrai ni de plus pénétrant que cette classification, dont les principes peuvent être conservés, même aujourd'hui. Non seulement, en effet, les trois formes de vie sociale qu'il a décrites, constituent trois espèces réellement distinctes, mais de plus leur description, telle qu'on la trouve dans son livre, exprime avec une certaine part de vérité leur nature et leurs différences propres. Certes, l'égalité et la frugalité n'ont pas été, dans les cités antiques, aussi grandes que l'a cru Montesquieu. Il est certain pourtant que, si on les compare avec les peuples d'aujourd'hui, les intérêts privés y ont eu une étendue très restreinte, tandis que les affaires de la communauté y tenaient une place considérable. Il a admirablement compris qu'à Rome et à Athènes chaque citoyen eut fort peu de choses en propre, et que ce fut là la cause qui assura l'unité de la société. Chez nous, au contraire, les bornes de la vie individuelle se sont étendues : chacun de nous a sa personnalité, ses opinions, ses mœurs, sa religion ; il se distingue profondément, lui-même et tout ce qui touche à lui, de la société et des choses publiques. La solidarité sociale [1] ne peut donc être la même ni avoir la même origine : elle vient de la division du travail qui rend les citoyens et les ordres sociaux nécessaires les uns aux autres. Enfin, avec beaucoup de sagacité, il a nettement distingué des autres ce type d'organisation qu'il appelle Gouvernement despotique. Car l'empire des Perses ou des Turcs n'a rien de commun avec les cités grecques ou italiques ni avec les nations chrétiennes de l'Europe.

Mais, dira-t-on, le Gouvernement despotique n'est qu'une forme de la Monarchie ; car le roi, même en Monarchie, a le droit de modifier les lois ; c'est donc sa volonté qui est la loi suprême. -Il faut remarquer cependant que la structure des sociétés y est tout à fait différente : dans l'État despotique, elle ne présente pas cette différence de conditions qui est particulière à la Monarchie. Par ailleurs, il est sans importance qu'en Monarchie le roi possède ou non le droit de modifier les lois ; car il n'en a pas réellement la possibilité, pour cette raison que la puissance des ordres limite son propre pouvoir. On a objecté avec raison à Montesquieu qu'il n'a existé nulle part d'empire où le pouvoir du despote ait été sans mesure. Mais l'auteur corrige lui-même la première définition qu'il avait donnée et reconnaît que, jusque sous le Gou-

---

1 En latin : populi consensus. [N. du T.].

vernement despotique, il y a aussi certains tempéraments apportés au pouvoir souverain, mais qui sont autres que dans la Monarchie ; car ils ont leur source, non dans l'institution des différents ordres, mais dans l'autorité souveraine et unique dont jouit la religion non seulement auprès du peuple, mais même dans l'esprit du despote. Il est hors de doute que, dans ces sociétés, la religion possède réellement un tel pouvoir : car non seulement elle ne dépend pas de la volonté du prince, mais c'est au contraire le prince, ainsi que notre auteur le remarque pertinemment [1], qui reçoit précisément d'elle son pouvoir exorbitant : rien d'étonnant par suite s'il est limité par elle.

Si l'on veut comprendre pleinement la manière de voir de Montesquieu sur ce sujet, il faut aux précédents un quatrième type que ses interprètes omettent généralement. Il mérite de nous arrêter ; car c'est de lui que la Monarchie est sortie. Il comprend les sociétés qui vivent de la chasse ou de l'élevage. Ces dernières diffèrent en effet des autres par de nombreux et de remarquables caractères : leurs membres sont très peu nombreux ; la terre n'est pas partagée entre eux [2] ; elles n'ont pas de lois, mais des coutumes ; ce sont les vieillards qui y possèdent l'autorité suprême, mais ils ont un tel souci de la liberté qu'ils ne tolèrent aucun pouvoir durable [3]. Il est certain que telle est la nature des sociétés inférieures qui, pour cette raison, peuvent être appelées une Démocratie inférieure. Montesquieu divise ce type en deux variétés. Quand les hommes sont dispersés en petites sociétés de ce genre qui ne sont unies entre elles par aucun lien social, il les appelle *peuples sauvages ; il* les nomme *barbares* quand elles se réunissent en un tout. Les premières s'adonnent plutôt à la chasse, les autres mènent la vie des peuples pasteurs.

La classification des sociétés, telle que Montesquieu l'a conçue, est représentée par le tableau suivant :

---

1 « Dans les empires mahométans, c'est de la religion que les peuples tirent en partie le respect étonnant qu'ils ont pour le prince ». (Liv. V, chap. XIV).

2 Livre XVIII, chap. XIII.

3 Livre XVIII, chap. XIV.

Émile Durkheim

	Sociétés	
	Monarchie	
Qui possèdent une constitution définie du pouvoir souverain	République	Aristocratie Démocratie
	G o u v e r n e m e n t despotique	
Sans constitution définie du pouvoir souverain	Peuples barbares Peuples sauvages	

Il suffit d'avoir sous les yeux ce tableau et les multiples variétés de peuples qu'il englobe, pour comprendre que Montesquieu ne s'est pas borné à reprendre avec quelque infidélité la classification d'Aristote, mais qu'il a édifié une oeuvre nouvelle.

Chapitre IV

En quelle mesure Montesquieu a-t-il pensé qu'il existe des lois déterminées des choses sociales

I

Allons plus loin : Montesquieu ne se contente pas de classer les sociétés par types ; il estime que les faits sociaux, et principalement ceux dont il parle de façon spéciale, à savoir les lois, obéissent à un ordre déterminé et sont par suite susceptibles d'une interprétation rationnelle. Cette idée apparaît dès le début du livre, où l'on trouve la célèbre définition : « Les lois sont les rapports nécessaires qui dérivent de la nature des choses ». Car cette définition embrasse non seulement les lois de la nature, mais aussi celles qui régissent les sociétés humaines.

Auguste Comte a accusé Montesquieu de s'être ensuite détourné de ce principe, de telle sorte qu'on ne pourrait découvrir aucun ordre dans la masse des faits accumulés dans le reste de l'ouvrage. Mais cette accusation s'écarte de la vérité. En effet, chaque fois qu'il s'agit de quelque loi, Montesquieu nous la montre dépendant de conditions déterminées. Ces conditions sont de deux genres. Les unes sont inhérentes à la nature des choses auxquelles la loi se rapporte : à la nature du commerce si .elle a trait au commerce ; à celle de la religion, si elle concerne la religion. Mais il est une autre cause qui étend son action bien plus loin et qui prévaut sur les autres : c'est la nature de la société. La plupart des lois, comme nous l'avons déjà dit, ne peuvent être les mêmes en Monarchie qu'en République ou sous le Gouvernement despotique ; chez les peuples inférieurs, elles font complètement défaut. Qu'un peuple soit de tel type ou de tel autre, et un système unique de lois s'ensuit nécessairement.

Montesquieu remonte même encore plus loin la série des causes et des effets. Il ne se borne pas à montrer que les lois dépendent de la forme de société : il recherche aussi les causes dont dépendent les formes de sociétés elles-mêmes, et parmi ces causes, celle qui joue le premier rôle, c'est le volume de la société.

Supposons en effet une société resserrée en d'étroites limites : il n'est personne qui n'ait continuellement les affaires de la communauté sous les yeux et tout entières présentes à l'esprit. De plus, les conditions de vie étant à peu près les mêmes pour tous - car, dans une telle société, la place même manque pour leur diversité, - le genre de vie, lui non plus, ne peut guère différer ; même ceux qui détiennent le pouvoir, n'étant investis que d'une puissance limitée, en rapport avec les limites de la société, ne sont que des « *primi inter pares* ». L'image de la patrie n'est pas seulement sans cesse offerte à l'esprit de tous, elle a en outre une force très grande parce qu'elle n'est bornée par aucune autre. A cette description, l'on reconnaît la République. Mais, si la société s'accroît, tout change. Car il est déjà plus difficile pour chaque citoyen, pris individuellement, d'avoir le sentiment du bien publie : il n'aperçoit qu'une petite partie des intérêts de la société. L'environnement, étant d'autre part beaucoup plus différencié, pousse les individus à s'orienter de côtés différents et à se porter vers des buts opposés. En outre, le pouvoir souverain devient si grand que celui qui l'exerce, domine les autres de très haut [1]. C'est pourquoi la société passe nécessairement de la République à la Monarchie [2]. Mais, si son volume, au lieu d'être moyen, est excessif, la Monarchie se transforme en Gouvernement despotique. Car un empire immense ne pourrait subsister si le prince ne possédait un pouvoir absolu lui permettant de maintenir unis des peuples dispersés sur une si grande étendue. Si étroit est le lien entre la nature des sociétés et leur volume que le principe propre à chacune est détruit si la population s'accroît ou si au contraire elle diminue outre mesure.

Certes, ici, bien des objections doivent être faites. Innombrables sont les peuples qui, tout en ne possédant qu'une grandeur moyenne ou même restreinte, vivent soumis à des despotes. D'autres, comme le peuple juif, bien que surpassant de beaucoup en grandeur les cités grecques et italiques, présentent cependant une certaine forme d'organisation démocratique ? En outre, dans l'explication elle-même, si l'on descend aux détails, on y découvre parfois quelque chose d'incertain et de vague. Il n'en est pas moins vrai que Montesquieu a

1 « Dans une grande république, il y a de grandes fortunes : il y a Je trop grands dépôts à mettre entre les mains d'un citoyen ; les intérêts se particularisent ». (*Ibid.*).

2 « Un État monarchique doit être d'une grandeur médiocre ; s'il était petit, il se formerait en république ». (Liv. VIII, chap. XVII).

fait preuve de perspicacité en attribuant au nombre des unités sociales une telle influence. C'est en effet cette cause qui a l'importance la plus grande pour la définition des choses sociales ; bien plus, nous croyons qu'elle est en quelque sorte la source d'où émanent les principales différences entre les sociétés. Selon que les habitants sont rares ou au contraire nombreux, la religion, la famille, la moralité, le droit, etc., ne peuvent être les mêmes. Un seul point a échappé à Montesquieu : c'est que l'important n'est pas le nombre qui sont soumis à la même autorité, mais le nombre de ceux qui sont liés entre eux par quelque relation. Car, si nombreux que soient ceux qui obéissent au même chef, si la distance entre les uns et les autres est telle qu'il ne puisse y avoir entre eux que des relations nulles ou rares, l'abondance de population est sans effet.

Au reste, à cette cause, Montesquieu en ajoute plusieurs autres qui ne sont pas sans influence par elles-mêmes pour la constitution des sociétés. C'est sur elles qu'ont surtout porté les commentaires des interprètes. C'est ainsi que la nature du sol, lorsqu'elle consiste en vastes plaines d'un seul tenant, favorise la constitution de l'État despotique pour cette raison que de grands empires peuvent plus facilement s'étendre dans de tels territoires. Au contraire, les régions montagneuses où les îles sont les citadelles de la liberté parce que l'autorité du chef est comme brisée par les montagnes ou par l'océan. Ce n'est seulement la configuration du sol, mais aussi sa nature qui est à considérer. Une terre peu féconde pousse les esprits à l'effort et à la frugalité et, par suite, fraye les voies à la République ; la fertilité du sol au contraire qui éveille l'amour des richesses et le souci de l'intérêt personnel, les ouvre à la Monarchie [1] ; si elle est excessive, elle convient aux formes inférieures de la Démocratie : car les terres, produisant naturellement, n'ont pas besoin d'être cultivées ni, par suite, d'être partagées entre les Membres du groupe. Enfin un climat chaud efffémine les esprits et les corps et force les hommes à la servitude [2].

Ces mêmes causes ne déterminent pas seulement, pour une part, la nature de la société et toute sa structure juridique, prise dans son ensemble, mais même les lois particulières dans leur contexture propre.

---

1 Livre XVIII, chap. 1er et II.
2 Livre XVII, chap. II.

Émile Durkheim

Ainsi une chaleur excessive engendre l'esclavage civil, la polygamie [1] et beaucoup de coutumes domestiques [2]. La nonchalance de l'esprit et du corps qui s'ensuit, produit l'immutabilité des lois, des pratiques religieuses et des mœurs. Pour les mêmes raisons, la nature du commerce est autre en Orient qu'en Europe.

Quoique Montesquieu n'ait pas placé ces dernières causes sur le même rang que la première et qu'il ait reconnu lui-même qu'elles dominent seulement chez les peuples sauvages, on doit avouer que leur influence n'a été nulle part aussi grande qu'il l'a pensé. La vertu domestique, politique et privée se rencontre également dans des pays qui diffèrent du tout au tout par la nature de la terre et du climat. Mais, quoi qu'il en soit, cette exagération même montre combien Montesquieu a eu le sentiment que les choses sociales sont soumises à des lois déterminées. Tout ce qui précède, si on le résume en quelques mots, se ramène en effet à ceci : de la grandeur d'un peuple, de la configuration du sol qu'il occupe, de la nature de la terre et du climat, on peut déduire à quel genre appartient cette société et quelles sont ses lois et ses institutions.

Mais nous n'avons mentionné qu'une partie de la doctrine exposée par Montesquieu dans son livre. Voyons-en maintenant une autre qui semble contraire à la première. Cette contradiction mérite d'être examinée à fond. Elle nous permettra de mieux comprendre non seulement quelle est la vraie pensée de notre auteur, mais aussi quelles difficultés a rencontrées, au siècle de Montesquieu et même à notre époque, la constitution de la science sociale.

II

Dès que l'on admet, comme nous l'avons vu ci-dessus, qu'il existe dans la vie sociale un ordre déterminé, on diminue nécessairement le rôle du législateur. Les institutions sociales, étant les conséquences de la nature des choses, ne dépendent plus de la volonté d'un ou de plusieurs citoyens. Or, tout au contraire, chez Montesquieu, le personnage du législateur se détache avec évidence, au point d'apparaître comme

1 Livre XVI, chap. II.

2 Livre XVI, chap. X.

l'indispensable artisan des lois. En de nombreux passages, il parle des lois de Rome, de Sparte, d'Athènes, comme si elles avaient été créées de toutes pièces par Romulus ou Numa, par Solon, par Lycurgue [1]. Quand, dans un autre livre, il raconte les origines de l'État romain, il pose en principe que les institutions des peuples naissants sont faites par les chefs et que c'est ensuite seulement que les chefs se forment d'après les institutions. C'est la raison pour laquelle il distingue entièrement les lois des mœurs : les mœurs naissent spontanément de la vie en commun, les lois ne peuvent exister sans avoir été établies par une volonté spéciale du législateur. Tel est le sens de cette pensée que l'on trouvera dans le premier chapitre du livre : « Fait pour vivre dans la société, l'homme y pouvait oublier ses devoirs sociaux s'il n'y avait été ramené par les législateurs » [2]. Sans doute, Montesquieu ne croit pas qu'on puisse faire des lois sur n'importe quoi et selon sa fantaisie ; il pense que les mœurs et la religion sont en dehors du pouvoir du législateur et que les lois mêmes qui concernent d'autres sujets doivent être mises en accord avec les mœurs et la religion [3]. L'établissement de ces lois n'en est pas moins au pouvoir du législateur. Il existe même des sociétés dans. lesquelles non seulement les lois, mais même la religion et les mœurs peuvent être plus ou moins façonnées par le prince [4]. Bien que ce fait ne se rencontre que dans des cas assez rares, on voit cependant par là quelle est, aux yeux de Montesquieu, la puissance de l'autorité politique.

On le comprendra facilement pour peu que l'on étudie en quel sens il dit que les lois humaines résultent de la nature des choses : formule équivoque et qui comporte deux interprétations. Elle peut signifier, ou bien que les lois sont issues de la nature des choses, c'est-à-dire des sociétés, comme l'effet sort de la cause qui l'engendre ; ou bien qu'elles sont simplement des moyens qu'exige la nature de la société pour s'accomplir, c'est-à-dire pour atteindre sa fin, moyens qui peuvent cependant lui faire défaut. En d'autres termes, doit-on comprendre

---

1 « Je prie qu'on fasse un peu d'attention à l'étendue du génie qu'il fallut à ces législateurs pour voir n'en choquant tous les usages reçus... ils montreraient à l'univers leur sagesse ». (Liv. VI, chap. XXXIV. Cf. liv. V, chap. V, et liv. XIX, chap. XVI).

2 Livre 1er, chap. 1er, fin.

3 Livre XIX, chap. XXI.

4 Livre XIX, chap. XVI et XIX.

que l'état de la société est la cause efficiente des lois ou bien seulement leur cause finale ? Montesquieu ne semble même pas soupçonner le premier sens. Il ne dit pas que les lois de la Démocratie naissent du nombre restreint des citoyens par une nécessité inéluctable, comme la chaleur naît du feu, mais que seules elles permettent d'amener à réalisation la frugalité et l'égalité générale qui sont dans la nature de ce genre de société. Il n'en résulte pas d'ailleurs que les lois puissent être confectionnées arbitrairement; car, certaines conditions sociales étant données, il n'est qu'un seul corps de lois qui lui convienne et aucun autre ne pourrait lui être imposé sans altération de la société. Mais, pour discerner ce qui convient à chaque peuple, il est nécessaire qu'il y ait des hommes capables d'examiner avec perspicacité la nature des choses et de distinguer vers quel but ce peuple doit tendre et par quels moyens. Or c'est là le rôle des législateurs : rien d'étonnant donc à ce que Montesquieu leur attribue une certaine primauté. Supposez au contraire que les lois tirent leur origine de causes efficientes dont les hommes peuvent même être souvent inconscients, les fonctions du législateur se trouvent alors diminuées : elles ne consistent plus qu'à exprimer plus clairement ce qui subsiste obscurément au fond des autres consciences. Mais il n'invente rien ou presque rien de nouveau ; même s'il n'existait pas, rien n'empêcherait qu'il y eût des lois : elles seraient seulement moins bien définies. Elles ne peuvent être rédigées que par lui, soit ! Mais il est l'instrument qui permet de les établir plutôt que leur cause génératrice.

Ce n'est pas ici le lieu de discuter la question de savoir s'il y a des institutions sociales qui dépendent tout entières de causes finales ; du moins n'est-il pas douteux qu'elles sont extrêmement rares. La vie sociale contient en effet tant de choses qu'aucun esprit n'est capable de la saisir dans sa totalité ; aussi n'est-il pas facile de prévoir ce qui lui sera utile, ce qui lui sera nuisible. Quand même ce calcul ne dépasserait pas le plus souvent les forces de l'esprit humain, il est tellement abstrus qu'il ne pourrait avoir grande influence pour mettre en mouvement les volontés. Les choses sociales ne se font pas, d'ordinaire, d'une façon délibérée ; les lois ne sont pas les moyens que le législateur imagine parce qu'ils lui paraissent en harmonie avec la nature de la société : elles naissent le plus souvent de causes qui les engendrent par une sorte de nécessité physique. Par suite des conditions dans lesquelles se trouve la société, la vie commune est déterminée à revêtir nécessairement une certaine forme définie ; or ce sont les lois qui expriment cette forme ; elles résultent donc avec la même nécessité de ces causes efficientes. Si l'on conteste cela, il faut admettre alors que la plupart des choses sociales et principalement les plus importantes sont absolument sans causes. Jamais en effet il n'y eut d'homme qui, du petit volume de la Rome naissante, ait pu déduire les lois qui convenaient à une telle société ; l'égalité et la frugalité que Montesquieu nous dit imposées par les lois, ce n'étaient pas celles-ci qui les avaient créées ; issues de ce genre de vie, les lois ne firent que le consolider.

Montesquieu aurait sans doute compris cela s'il s'était rendu compte que les lois ne diffèrent pas en nature des mœurs, mais qu'au contraire elles découlent d'elles [1]. Elles ne sont rien d'autre que des mœurs mieux définies ; or personne n'ignore que les mœurs ne sont pas d'institution volontaire, mais qu'elles sont engendrées par des causes qui produisent leurs effets à l'insu des hommes eux-mêmes. Aussi bien l'origine de la plupart des lois n'est-elle pas différente. Ce n'est pas à dire, pour cela, qu'elles soient sans utilité ; bien au contraire, elles ne pourraient durer si elles ne jouaient dans la société certains rôles utiles. Mais ce n'est pas cette utilité qui les a fait naître; bien loin d'avoir été visée, elle est communément ignorée. Nous sentons en effet que les règles du droit et des mœurs sont bonnes ; mais. si l'on nous demande à quoi elles tendent, les discussions n'ont plus de fin. S'il est donc permis de chercher de quelle façon telle ou telle loi est utile à la société, on n'explique pas par là d'où elle est issue. C'est pourquoi celui qui borne ses investigations aux causes finales des choses sociales, laisse échapper leurs origines et mutile ainsi l'image de la science. Or telle sera la science sociale si nous suivons la méthode de Montesquieu.

III

---

1 Sans doute il invite le législateur à se conformer aux mœurs et au génie propre du peuple considéré (liv. XIX, chap. II-VI) et il montre que les lois ont une certaine influence pour façonner les mœurs (*Ibid.,* chap. XXVII). Il les distingue cependant au point de regarder ce qui a été établi par les lois comme ne pouvant être changé que par les lois, de même que seules les mœurs peuvent changer ce qui touche aux mœurs (*Ibid.,* chap. XIV). D'où il résulte qu'il est difficile de comprendre comment tout cela se mêle chez certains peuples (*Ibid.,* chap. XVI et suiv.).

Émile Durkheim

Il y a plus : non seulement les règles du droit ne résultent pas nécessairement de la nature de la société, puisqu'elles peuvent demeurer cachées au fond des choses si quelque législateur ne les distingue et ne les produit à la lumière, mais, si nous en croyons Montesquieu, elles peuvent même avoir une autre forme que celle qui résulte des causes dont elles dépendent. Il attribue en effet aux sociétés humaines je ne sais quelle faculté de s'écarter de leur propre nature : les hommes ne suivraient pas les lois naturelles inhérentes à leur constitution avec la même nécessité que les choses inanimées, mais pourraient de temps en temps secouer le joug. Montesquieu introduit donc dans les choses sociales une contingence qui, du moins à première vue, semble ne pas pouvoir s'accorder avec l'existence d'un ordre déterminé ; car, s'il en était ainsi, les rapports entre causes et effets ne demeureraient pas constants et immuables. Aussi importe-t-il de définir ce qu'est cette contingence ; car il est bien à craindre qu'elle ne détruise les fondements mêmes de la science sociale.

Peut-être pensera-t-on que Montesquieu l'a posée en principe parce que, si on la supprimait, la liberté humaine elle aussi apparaîtrait supprimée. Mais, si c'était là la vraie raison, cette contingence serait sans exception et elle s'étendrait à la vie tout entière. Il serait surprenant que notre auteur se soit mis ainsi en contradiction avec lui-même, lui qui a déclaré en termes si nets que les hommes et les sociétés sont régis par des lois et qui s'est efforcé de les découvrir. D'autre part, il est fort peu vraisemblable que sa manière de voir se fonde sur une métaphysique quelconque. Il n'y a rien dans toute son œuvre qui manifeste quelque souci des problèmes métaphysiques ; nulle part il n'est question du libre arbitre. Aussi n'y a-t-il pas de raison pour que cette hypothèse philosophique ait eu chez lui une telle importance. Il y a d'ailleurs dans le premier chapitre du livre un passage qui s'oppose de façon évidente à cette interprétation. Montesquieu y dit que cette contingence n'est pas propre à l'homme : il la trouve aussi chez les animaux, et même les plantes lui semblent n'en être pas complètement dépourvues [1].

Il nous avertit lui-même qu'il ne l'a imaginée qu'afin de pouvoir

---

1 « (Les bêtes) ont des lois naturelles, parce qu'elles sont unies par le sentiment... Elles ne suivent pourtant pas invariablement leurs lois naturelles : les plantes, en qui nous ne remarquons ni connaissance ni sentiment, les suivent mieux ». (Liv. 1er, chap. 1er).

expliquer l'origine de l'erreur. Si nous ne commettions jamais d'erreurs, nous obéirions en toute occasion aux lois de notre nature. Si l'on veut comprendre ce qui a amené Montesquieu à cette opinion, il faut d'abord déterminer ce qu'il veut faire entendre par « nature des choses ». Par ce terme, il désigne non pas toutes les propriétés d'une chose, mais celles-là seulement qui contiennent en elles les autres et qui font que la chose est de tel ou tel genre [1], c'est-à-dire son *essence*. En outre, il pense qu'il existe un lien logique entre cette nature et les formes normales de la chose, de telle sorte que celles-ci sont impliquées dans la première. C'est pourquoi, s'il est vrai que les hommes et les peuples ne dérogent jamais à leur nature, ils seront toujours et partout tels qu'ils doivent être. Or il existe, dans la vie individuelle comme dans la vie sociale, bien des imperfections : il y a des lois injustes, des institutions défectueuses, que les sociétés ont reçues des erreurs des législateurs. Tout cela, aux yeux de Montesquieu, semble indiquer chez l'homme une certaine faculté de s'égarer hors des lois de la nature. Ce n'est pas une raison pour que ces faits soient dépourvus de causes ; mais ces causes sont fortuites et, pour ainsi dire, « accidentelles » [2]. Elles ne peuvent donc se ramener à des lois ; elles corrompent en effet la nature des choses que les lois, au contraire, expriment.

Assurément le principe d'où dépend toute cette argumentation est faux. Ces erreurs en effet, dans la mesure où elles touchent à la vie sociale, ne sont pas autre chose que des maladies de l'organisme social ; mais la maladie fait partie de la nature des êtres vivants non moins que la santé. Ces deux états ne sont pas contraires entre eux: ils appartiennent au même genre, de sorte qu'on peut les comparer et que, de cette comparaison, l'interprétation de l'un et de l'autre bénéficie. Mais cette opinion fausse s'accorde si bien avec l'apparence extérieure des choses qu'elle s'est maintenue longtemps jusqu'en physiologie. Comme il paraît évident que les êtres vivants sont naturellement en état de santé, on en conclut que la maladie, puisqu'elle fait obstacle à la santé, est une violation de la nature de la vie. C'est pourquoi Aristote déjà était d'avis que les maladies, les monstres et toutes les formes aberrantes de

---

1 « Il y a cette différence entre la nature du gouvernement et son principe que sa nature est ce qui le fait être tel ». (Liv. III, chap. 1er).

2 Voir livre VIII, chap. X.

Émile Durkheim

la vie étaient les résultats de quelque contingence obscure [1]. La science sociale ne pouvait donc être affranchie sur-le-champ de cette erreur, d'autant plus que la maladie n'occupe nulle part une plus grande place que dans les sociétés humaines et que l'état normal n'est nulle part plus imprécis ni plus difficile à définir.

C'est ainsi que s'expliquent plusieurs passages où Montesquieu semble doter le législateur de l'étrange pouvoir de faire violence à la nature elle-même. Par exemple, dans les pays où une chaleur excessive invite les habitants à la paresse, il prescrit au législateur de réprimer cette paresse par tous les moyens. Mais, bien que ce vice ait son origine dans des causes physiques, notre auteur ne pense pas que celui qui s'y oppose, viole les lois de la nature, mais au contraire qu'il ramène les hommes à leur nature normale, laquelle n'est pas compatible avec une telle indolence [2]. C'est pour la même raison qu'il dit que, chez les peuples qui ont un caractère fier et intrépide, il est nécessaire d'instituer des châtiments terribles pour contenir cette fougue du caractère. Dans tous ces cas, si le législateur possède un tel pouvoir, ce n'est pas que les sociétés soient sans lois et sans nature définie et puissent par suite être organisées selon sa fantaisie ; c'est au contraire parce que son action est conforme à la nature normale des hommes et des sociétés et se borne à lui servir d'auxiliaire.

Cette manière de voir n'implique donc pas de contradiction proprement dite et expresse. Montesquieu ne dit pas que c'est pour les mêmes faits sociaux qu'un ordre déterminé existe ou fait défaut ; partout où les choses sont normales [3], elles se font selon des lois nécessaires et cette nécessité ne cesse que lorsqu'on s'écarte de l'état normal. C'est pourquoi cette contingence ne détruit pas la science sociale, mais en limite seulement la portée. Car elle n'a guère pour objet que les formes normales de la vie en société, tandis que les maladies, selon l'opinion de notre auteur, sont presque en dehors de la science, parce qu'elles se situent en dehors des lois de la nature.

---

1 ZELLEIR : *Philosophie der Griechen, 3e éd., II, 2e partie, p. 333.*

2 « *Quand donc la puissance physique de certains climats viole la loi naturelle, ... c'est au législateur à faire des lois civiles qui forcent la nature du climat et rétablissent les lois primitives* ». (*Liv. XVI, chap. XII*).

3 *En latin : justae.* [N. du T.]

La conception même qu'il se fait de la loi naturelle et que toutes ces idées supposent, conserve encore beaucoup d'obscurité et d'imprécision. Les lois sont en effet les rapports nécessaires entre les choses ; or, si elles peuvent parfois être violées, elles ne possèdent pas une nécessité réelle, mais une nécessité purement logique. C'est-à-dire qu'elles expriment ce qui est impliqué dans la définition de la société, mais que celle-ci peut affecter une autre forme que celle qui résulte rationnellement de sa nature. Elles nous apprennent,' non ce qui est, mais ce qui est rationnel. Bien plus, quoique Montesquieu, loin de penser que les hommes s'égarent toujours ou même souvent hors du droit chemin, ait au contraire une sorte de respect spontané pour ce qui s'est trouvé confirmé par une expérience générale et prolongée, il admet pourtant que tous les individus d'un même genre présentent certaines anomalies. Il ne voit pas qu'il ne peut guère exister quelque chose d'universel dans toute une espèce, qui ne réponde à des nécessités définies. Par exemple, bien que l'institution de l'esclavage ait été en usage dans toutes les cités grecques et italiques, il déclare qu'elle répugne à la nature de la République [1]. Bien que le droit de répudiation appartienne exclusivement aux hommes partout où les femmes vivent sous le régime de l'esclavage domestique, il réclame que, dans ces mêmes sociétés, cette faculté soit accordée aux femmes seules ⊠. Il va même jusqu'à penser qu'il n'est qu'un genre de sociétés, à savoir l'État despotique, qui ait par lui-même quelque chose de défectueux et de corrompu [2]. Tout en reconnaissant lui-même qu'il est nécessaire en certains endroits. L'ordre qu'en de telles conditions la science doit rechercher, n'est donc pas seulement autre que celui qui existe toujours et partout : il peut arriver qu'il n'ait jamais existé. C'est pourquoi les lois qui le reproduisent, ont nécessairement une forme idéale ; car elles expriment les rapports des choses, non tels qu'ils sont, mais tels qu'ils doivent être. Elles ne sont pas inhérentes aux choses, comme les autres lois de la nature, ou plutôt elles ne sont pas les choses elles-mêmes considérées sous un aspect déterminé ; elles les dominent de haut, bien que leur autorité ne soit pas toujours ni nécessairement respectée.

C'est par là que Montesquieu revient pour une part à l'ancienne

---

1 Livre XV, chap. 1er, fin.

2 « Le principe du gouvernement despotique se corrompt sans cesse, parce qu'il est corrompu par sa nature ». (Liv. VIII, chap. X).

Émile Durkheim

conception de la science sociale, mais pour une part seulement. Certes, çà et là, il lui arrive d'être tout près de confondre les lois naturelles avec les règles qui prescrivent ce qu'on doit faire. Mais il est bien loin d'imiter les anciens philosophes qui négligent la nature telle qu'elle est, pour en instaurer une autre. Quoiqu'il n'ait établi à ce sujet aucun principe précis, il a instinctivement compris que c'est seulement dans de rares cas qu'une chose peut être universelle sans être en même temps saine et rationnelle. C'est pourquoi, comme nous l'avons vu, il a essayé de décrire et d'expliquer en se guidant sur l'histoire les espèces sociales, et il n'a osé les corriger que lorsqu'il découvrait quelque chose qui lui semblait ne pas s'accorder avec leur essence, telle qu'il l'avait tirée de l'observation de la réalité. Si donc chez Montesquieu la notion de loi naturelle ne s'étend pas à la vie sociale tout entière, elle s'applique cependant à la plus grande partie de celle-ci. Si son oeuvre conserve encore, de l'antique confusion de l'art et de la science, quelque chose d'incertain et de vague, ce défaut ne s'y manifeste que par intervalles.

Chapitre V

De la méthode suivie par Montesquieu

I

Tant que la Science sociale n'était qu'un art, les écrivains sociaux usaient principalement de la déduction. De la notion générale de l'homme, ils tiraient la forme de société qui convenait à la nature humaine et les préceptes qui devaient être observés dans la vie en commun. Il est inutile d'énumérer les défauts de cette méthode. La déduction, même dans l'art, ne nous permet d'obtenir que de simples hypothèses. Par la seule force de la raison, personne ne peut établir l'utilité d'un précepte, s'il n'a pas mis cette utilité à l'épreuve de l'expérience. Mais c'est surtout dans la science, lorsqu'elle est distinguée de l'art, que la déduction doit nécessairement n'occuper que le second rang, du moins dès qu'il est question de réalités, et non de notions abstraites comme en mathématiques. Sans doute, la déduction nous fournit des idées qui dirigent notre recherche à travers les obscurités des choses ; mais, tant que ces idées n'ont pas été confirmées par l'observation, on ne peut savoir si elles expriment vraiment la réalité. Il n'est pas d'autre moyen pour découvrir les lois de la nature que d'étudier attentivement la nature elle-même. Disons mieux : il ne suffit pas de l'observer, il faut l'interroger, la tourmenter, la mettre à l'épreuve de mille manières. La science sociale, puisqu'elle a des choses pour objet, ne peut donc employer avec succès que la méthode expérimentale.

Or il n'est pas facile d'adapter cette méthode à notre science, parce qu'il n'est pas possible d'expérimenter dans les sociétés. Il y a cependant un biais qui permet de surmonter la difficulté. Pour découvrir les lois de la nature, rien d'autre en effet n'est nécessaire que de pouvoir instituer entre les différentes formes d'une même chose des comparaisons suffisamment nombreuses. Par ce moyen, les rapports constants et immuables qu'exprime la loi se trouvent séparés des autres, c'est-à-dire des rapports passagers et fortuits. Tout l'essentiel de l'expérimentation consiste simplement à faire varier les choses à volonté de sorte qu'elles offrent une large et féconde matière à la comparaison. Mais rien ne s'oppose à ce que l'on compare des faits sociaux de même genre, tels qu'ils se présentent dans des sociétés différentes, et à ce que l'on note ceux d'entre eux qui concordent constamment, ceux qui disparaissent simultanément, ceux qui varient en même temps et selon le même rapport. Ces comparaisons, bien qu'elles aient cet inconvénient de ne pouvoir être répétées indéfiniment, peuvent cependant jouer dans la science sociale le rôle de l'expérimentation.

Quoique Montesquieu n'ait nulle part traité cette question, il a compris instinctivement la nécessité de cette méthode. S'il rassemble tant de faits empruntés à l'histoire des différents peuples, ce n'est pas dans un autre dessein que de les comparer entre eux et, par le moyen de cette confrontation, de trouver leurs lois. En fait, il est évident que l'ouvrage tout entier consiste en une comparaison des lois qu'observent les peuples les plus divers, et l'on petit dire véritablement que, par ce livre, Montesquieu a inauguré un nouveau genre d'études que nous appelons aujourd'hui le droit comparé.

Mais, si chez lui la déduction a fait place à l'expérience, elle occupe encore beaucoup plus d'espace que la science ne le comporte.

Dès la préface, il avertit lui-même le lecteur qu'il a voulu traiter la Science sociale d'une façon quasi mathématique : qu'il a posé des principes d'où les lois particulières des sociétés s'ensuivissent logiquement. Il a compris, il est vrai, qu'il est indispensable de tirer ces principes de l'observation du réel ; mais il croit que toute la science y est comme impliquée, si bien que, dès qu'on y est parvenu, elle peut être achevée par la seule déduction. Et il n'est pas douteux qu'il ait bien entrepris de procéder par cette voie et par cette méthode. Remarquons d'abord de quelle façon il emploie la méthode inductive. Il ne commence pas par rassembler tous les faits qui ont trait à la question, par les rapporter pour qu'on puisse les examiner et les apprécier objectivement ; le plus souvent, il s'efforce de prouver par la déduction pure l'idée qu'il a dans l'esprit. Il montre que cela est enveloppé dans la nature ou, si l'on veut, dans l'*essence* de l'homme, de la société, du commerce, de la religion, en un mot dans la définition des choses dont il s'agit ; c'est ensuite seulement qu'il expose les faits qui lui paraissent confirmer l'hypothèse [1]. Mais, si l'on tient pour assuré

---

1 On pourrait citer d'innombrables exemples qui se rencontrent dans tout l'ouvrage.

que l'expérience seule peut établir quels sont les rapports des choses, on ne subordonne pas l'expérience à la déduction ; on ne donne pas la primauté aux arguments, qu'on regarde comme de peu de valeur pour la démonstration et dont en se défie ; mais on commence par observer les choses et ce n'est qu'ensuite qu'on interprète déductivement ce que l'on a observé.

D'ailleurs, si l'on examine les démonstrations mêmes de Montesquieu, on s'aperçoit facilement que toute leur portée consiste dans la déduction. Sans doute, il confirme le plus souvent par l'observation les conclusions qu'il a ainsi tirées ; mais combien faible est toute cette partie de son argumentation ! Les faits qu'il rapporte en les empruntant à l'histoire, sont exposés brièvement et sommairement et il ne se soucie pas beaucoup de les établir tels qu'ils sont en réalité, même s'ils peuvent offrir matière à controverse [1]. Il les énumère sans ordre et pêle-mêle. S'il affirme qu'il y a un lien causal entre deux faits, il ne s'applique pas à montrer que, dans tous les cas ou du moins dans la plupart, ces faits apparaissent simultanément, disparaissent simultanément ou varient de la même façon. Il lui suffit de pouvoir alléguer quelques exemples qui cadrent à peu près avec la loi supposée. Il lui arrive même d'affirmer de toute l'espèce ce qu'il n'a observé-que sur une seule société. Soit, par exemple, la séparation des pouvoirs : bien qu'on ne la trouve que chez les Anglais, il dit qu'elle est le propre de la Monarchie, et il déclare que la liberté est une conséquence de cette séparation, quoiqu'il ne sache pas si elle existe vraiment chez les Anglais eux-mêmes. En un mot, au lieu de se servir de la déduction pour interpréter ce qui a été prouvé par l'expérience, il emploie plutôt l'expérience à éclaircir à l'aide d'exemples les conclusions de la déduction. Aussi, quand la déduction est achevée, considère-t-il que la

---

C'est ainsi qu'après avoir défini les trois genres de sociétés, il déduit leurs principes de leurs définitions : « Il ne m'en faut pas davantage pour trouver les trois principes ; ils en dérivent *naturellement* » (*Liv.* III, chap. II). De ces principes il tire alors les lois qui concernent le droit civil, la pénalité, la condition des femmes. Voir les titres mêmes des chapitres V et VI (*Conséquences des principes des gouvernements par rapport à la simplicité des lois criminelles, la forme des jugements, etc., - par* rapport aux lois somptuaires, etc.).

1 Il en est ainsi de ce qu'il dit sur la frugalité et l'égalité chez les Anciens, ou sur les causes qui corrompent les principes des sociétés, ou encore sur la condition des femmes (Liv. XVI). Toutes ces assertions enveloppent des problèmes et des difficultés innombrables qui ne peuvent être résolus d'emblée.

démonstration presque tout entière l'est aussi.

Allons plus loin : selon l'opinion de Montesquieu, il existe, comme nous l'avons déjà dit, certaines institutions qui, bien qu'existant ou ayant existé dans toutes les sociétés du même genre, ne leur conviennent cependant pas. Mais cette affirmation ne repose et ne peut reposer que sur une seule raison : savoir, que ces institutions ne peuvent, selon lui, se déduire des principes qu'il a antérieurement posés. Il montre en effet qu'il y a contradiction entre l'institution de l'esclavage et la définition de la République. De même, il déteste le Gouvernement despotique parce que celui-ci répugne logiquement à l'essence de l'homme et même de la société, telle qu'il la conçoit [1]. Il peut donc arriver, dans certains cas, que la déduction prévaille même contre l'observation et l'expérience.

Si donc, chez Montesquieu, l'induction fait sa première apparition dans la science sociale, elle ne s'éloigne pas encore de la méthode contraire et se trouve altérée par ce mélange. Si notre auteur a ouvert une voie nouvelle, il n'a pas su abandonner les sentiers battus. Cette équivoque dans la méthode est une conséquence de l'équivoque dans la doctrine, que nous avons signalée ci-dessus. Si en effet les formes normales de la société sont comprises dans sa nature, elles peuvent se conclure de la définition de cette nature : ce sont ces nécessités logiques que Montesquieu appelle des lois. Les choses étant à ce point apparentées à notre raison, la raison suffit à les interpréter. On s'étonnera peut-être que cette nature intime des choses apparaisse avec une telle clarté qu'on puisse la connaître et la définir dès le début de la science, alors qu'au contraire elle semble ne pouvoir être déterminée qu'au terme de la science plutôt qu'à son commencement. Mais ce résultat s'accorde bien avec les principes de Montesquieu. De même que le lien qui existe entre les faits sociaux et l'essence de la société est un lien rationnel, de même cette essence elle aussi, qui est la source d'où émane toute cette déduction, est de nature rationnelle, c'est-à-dire qu'elle consiste dans une notion simple que la raison est capable de saisir d'un rapide coup d'œil. D'un mot, Montesquieu n'a pas suffisamment compris à quel point, comme dit Bacon, la finesse

---

1 « Après tout ce que nous venons de dire, il semblerait que la nature humaine se soulèverait contre le gouvernement despotique. (Liv. V, chap. XIV).

des choses dépasse la finesse de l'esprit humain : c'est ce qui explique qu'il ait une telle confiance dans la raison et la déduction. Nous ne prétendons pas d'ailleurs que les choses sociales soient par elles-mêmes absurdes. Mais, s'il y a en leur fond une certaine logique, cette logique est autre que celle à laquelle se conforme notre raisonnement déductif ; elle n'a pas la même simplicité ; peut-être suit-elle d'autres lois. Aussi est-il indispensable que ce soient les choses elles-mêmes qui nous en instruisent.

Mais la confusion dont nous parlons, dépend d'une autre cause encore. Les lois de la société, comme nous avons vu, peuvent être violées ; elles ne peuvent donc être établies à partir de la seule observation des choses ni même de leur comparaison. Ce qui est, n'est pas nécessairement rationnel ; mais les lois n'ont rien qui ne soit rationnel. C'est pourquoi, même si quelque chose est prouvé par l'histoire, on ne pourra être absolument certain que cela est vrai. Il y a des défauts qui se rencontrent dans toutes les sociétés du même genre. La forme normale de ces sociétés ne peut donc être décrite d'après ce que l'on y trouve. Si l'on ne peut saisir fidèlement la nature des choses par l'expérience, ce n'est pas par l'expérience seule qu'on apprendra ce qui résulte de cette nature. Il ne reste donc d'autre voie que celle-ci : chercher à atteindre cette essence même, la définir et de cette définition déduire ce qu'elle implique. N'en concluons pas que l'observation soit pour cela inutile, mais qu'elle doit être tenue en quelque suspicion tant qu'elle n'a pas été confirmée par l'expérience et que, si par hasard elle ne peut être ainsi confirmée, elle doit être rejetée. On voit combien il est indispensable, en science sociale, de découvrir dans les choses elles-mêmes un signe précis permettant de distinguer la maladie et la santé. Si, en effet, ce signe fait défaut, on se réfugie nécessairement dans la déduction et on s'éloigne du réel.

II

Qu'il procède par déduction ou par induction, Montesquieu suit une règle de méthode que la science actuelle doit retenir.

Les choses sociales sont ordinairement classées en différentes espèces que l'on croirait, à première vue, n'avoir aucune parenté entre elles. Autre en effet est la nature de la religion, autre celle du droit et de la moralité, autre celle du commerce et de l'administration. C'est pourquoi on a traité longtemps et l'on traite encore de chaque classe de faits séparément, comme si elle pouvait être explorée et expliquée par elle-même, abstraction faite des autres, tout comme en physique on traite de la pesanteur indépendamment de la couleur. On ne nie d'ailleurs pas pour cela que cette classe de faits soit en relations avec les autres, mais de façon accessoire seulement, de sorte que, ne pouvant atteindre la nature intime des choses, on peut négliger toutes ces relations sans inconvénient. Par exemple, la plupart des moralistes traitent la moralité et les règles de la conduite qui sont ou doivent être pratiquées, comme si elles existaient par elles-mêmes, et ils ne se soucient pas de savoir quelle est dans les mêmes sociétés la nature des richesses ; ceux qui traitent des richesses, soutiennent non moins vivement que la science qu'ils cultivent, l'économie politique, est absolument autonome et qu'elle peut s'acquitter de sa tâche en demeurant dans l'ignorance totale de ce système de règles qui constitue la morale. On pourrait donner beaucoup d'autres exemples du même genre.

Montesquieu, au contraire, a bien vu que tous ces éléments forment un tout, de telle sorte que, pris isolément et à part des autres, on ne peut les comprendre ; c'est pourquoi il ne sépare pas le droit de la moralité. de la religion, du commerce, etc., ni surtout de la forme de la société qui étend son influence à toutes les choses sociales. Si différents qu'ils soient, tous ces faits expriment la vie d'une seule et même société ; ils correspondent aux divers éléments ou organes du même -organisme social. Si l'on s'abstient de rechercher comment se réalisent leur harmonie et leur influence réciproque, on ne pourra déterminer la fonction de chacun. On laissera même échapper complètement leur nature ; car elles sembleront être autant de réalités douées d'une existence propre, alors qu'elles ne sont que des éléments d'un tout. De là sont nées des erreurs qui aujourd'hui encore ont cours chez beaucoup d'auteurs. De là vient que l'économie politique a souvent tenu la recherche de l'intérêt personnel pour l'unique principe de la société et dénié au législateur le droit de s'immiscer dans les activités qui ont trait au commerce et à l'industrie. A l'opposé, mais pour la même raison, en morale, le droit de propriété est presque toujours regardé comme quelque chose d'immuable et d'inébranlable, alors qu'il dépend de conditions que détermine la science des richesses et qui sont au plus haut point instables et diverses.

Il était nécessaire de dissiper cette erreur, non seulement pour que la science sociale pût se développer, mais même pour qu'elle pût se constituer. Certes, ces diverses études qui, sous des noms divers, traitent séparément des choses sociales, ont servi à la préparer, puisqu'elle est constituée par elles. Toutefois elle n'a commencé à exister vraiment que lorsqu'enfin on vit de façon claire que ces sciences étaient liées entre elles par une étroite nécessité et qu'elles étaient les membres d'un seul corps. Mais cette conception ne pouvait se faire jour tant qu'on ignorait qu'il y a une parenté entre tout ce qui se fait dans la société. Montesquieu, en mettant en lumière les rapports réciproques des choses sociales, a pressenti cette unité de notre science, mais il ne l'a fait que d'une façon confuse : nulle part en effet il ne dit que les problèmes qu'il traite, peuvent constituer une science définie embrassant tous les faits sociaux, possédant sa méthode propre et dénommée d'un terme spécial. Mais, en fait, il a, sans bien s'en rendre compte, donné à la postérité le premier échantillon de cette science. Si donc il n'a pas expressément tiré les conclusions qui étaient impliquées dans ses principes, il a du moins ouvert la voie à ses successeurs, qui, en instituant la sociologie, ne feront presque rien de plus que de donner un nom à un genre d'études qu'il a inauguré.

III

Il est pourtant une notion qui, à notre époque, a renouvelé la méthode de la science sociale et que Montesquieu paraît avoir ignorée: c'est la notion du progrès. Voyons en quoi elle consiste.

Si l'on compare les peuples les uns aux autres, il apparaît d'abord que certaines formes ou propriétés qui sont manifestement inhérentes à la nature des sociétés, se trouvent chez les unes à peine ébauchées, chez d'autres plus marquées ; les unes sont de peu d'étendue et disséminées à travers de vastes espaces, les autres sont grandes et denses ; les unes ignorent tout pouvoir solidement établi, tandis que chez les autres l'administration de l'État, non seulement est constituée, mais étend son influence à toutes les parties de l'organisme social ; et, entre ces deux types, il est d'innombrables échelons intermédiaires. Sous ce rapport, ces sociétés n'ont donc pas toutes, pour ainsi dire la même dignité les unes peuvent être dites supérieures ou inférieures aux autres. D'autre part, on a pu observer que les sociétés supérieures sont nées des inférieures. Je ne dis pas certes que les sociétés forment une série unilinéaire dont les peuples modernes occuperaient le sommet, les peuples anciens l'extrémité inférieure ; elles évoquent plutôt l'image d'un arbre dont les branches s'étendent dans des directions différentes. Mais cela importe peu à notre objet. Il n'en reste pas moins vrai que les sociétés sont issues les unes des autres et que les plus récentes l'emportent sur les sociétés antérieures : c'est ce qu'on appelle le progrès du genre humain. Si d'autre part on considère un seul peuple en lui-même, on fera les mêmes constatations. A partir du moment où son existence a commencé, il s'élève peu à peu au-dessus de l'espèce d'où il tire son origine, et le progrès de la nature humaine consiste en ces développements particuliers peu à peu accumulés.

Voilà cependant ce que Montesquieu n'a pas aperçu. Sans doute il ne place pas toutes les sociétés sur le même plan : il préfère la République et la Monarchie au Gouvernement despotique [1], la Monarchie à la République [2], la République à la démocratie des peuples barbares. Mais il ne soupçonne pas que ces différentes espèces de sociétés descendent de la même souche et qu'elles se succèdent les unes aux autres ; il pense qu'elles se sont constituées chacune indépendamment des autres, à l'exception cependant de la Monarchie qu'il dit issue de la démocratie inférieure [3]. Mais cette exception même montre combien il est éloigné de la notion du progrès ; car ce dernier type de sociétés qu'il regarde comme n'étant supérieur à aucun autre, est pour lui le type originel précisément parce qu'il est tenu pour le plus inférieur de tous. Pour la même raison, lorsqu'il parle des peuples particuliers, il ne nie sans doute pas que leur principe peut se développer ou se corrompre [4], mais il croit

---

1 « L'inconvénient n'est pas lorsque l'État passe d'un gouvernement modéré comme de la république à la monarchie ou de la monarchie à la république, mais quand il tombe et se précipite du gouvernement modéré au despotisme. (Liv V , chap. VIII).

2 Livre XI, chap. VIII, fin.

3 Il dit que la monarchie des peuples germaniques est née de la corruption de leur gouvernement (liv. XI, chap. VIII) et que les Germains ont mené la vie des peuples barbares (liv. XVIII, chap. XXII et XXX ; cf. liv. XVIII, chap. XIV).

4 « Un État peut changer de deux manières : ou parce que la constitution se corrige,

que ce principe se trouve fixé et déterminé dès la première origine et doit être conservé intact à travers toute leur histoire. Il ne se rend pas compte que la nature des sociétés contient en elle des contraires qui s'opposent, parce qu'elle se dégage peu à peu d'une forme antérieure et que peu à peu aussi elle tend vers celle qui naîtra d'elle. Il méconnaît ce processus continuel par lequel la société, tout en demeurant toujours fidèle à sa nature, devient sans cesse quelque chose de nouveau.

De là résulte un caractère singulier de la méthode employée.

Il y a deux genres de conditions qui sont les moteurs de la vie sociale. Les unes se trouvent dans les circonstances présentes, comme la nature du sol, le nombre des unités sociales, etc. ; les autres sont dans le passé historique [1]. Et en effet, de même qu'un enfant serait autre s'il avait eu d'autres parents, la société est autre selon la forme des sociétés antécédentes. Si elle prend la suite de sociétés inférieures, elle ne peut être la même que si elle était issue de nations très civilisées. Or Montesquieu, ayant méconnu cette succession et cette parenté des sociétés, néglige entièrement les causes de ce genre. Il ne tient pas compte de cette *vis a tergo* qui pousse les peuples et ne prête attention qu'aux circonstances environnantes. Quand il entreprend d'interpréter l'histoire d'une société, il ne recherche pas quelle place elle occupe dans la série des sociétés, mais seulement quelle est la nature du sol, quel est le nombre des citoyens, etc. Rien n'est plus contraire à la méthode que Comte a suivie, plus récemment, en traitant les mêmes problèmes. Comte estime que la nature des sociétés dépend tout entière du moment où elles ont apparu et que la science sociale consiste, presque dans sa totalité, à constituer la série des sociétés, Il est superflu d'ajouter que chacune des deux doctrines n'exprime qu'une part de la vérité.

---

ou parce qu'elle se corrompt ». (Liv. XI, chap. XIII).

1 En latin : in praeterita historia. [N. du T.].

Émile Durkheim

Conclusion

Dans son histoire de la philosophie politique, Paul Janet, après avoir exposé la théorie de Montesquieu, se plaint à juste titre que la plupart de ses commentateurs se soient uniquement proposé de dénoncer les erreurs qu'il a commises, et il ajoute qu'il aurait beaucoup mieux valu, et qu'il eût été plus équitable, de « faire voir en détail la vaste étendue et l'obscurité du sujet choisi par lui et la force d'esprit avec laquelle il s'en est rendu maître ». C'est ce que nous avons essayé de faire. Les opinions de Montesquieu sur les questions de détail traitées dans son livre, nous les avons laissées de côté, et nous n'avons insisté que sur ce qui nous paraît être son principal mérite. Expliquons-nous : bien qu'il y ait toujours quelque chose d'inexact à faire remonter la naissance d'une science à tel ou tel auteur, - toute science se constitue à l'aide d'apports ininterrompus et il est difficile de dire à quel instant elle a commencé à exister, - il est certain cependant que c'est chez Montesquieu que, pour la première fois, se trouvent établis les principes fondamentaux de la science sociale [1]. Ce n'est pas, sans doute, qu'il les ait énoncés en ternies exprès : il ne philosophe guère sur les conditions de la science qu'il inaugure. Mais ces principes et ces conditions se trouvent au fond de sa doctrine et il n'est pas difficile de les apercevoir et de les mettre en lumière.

On a vu ci-dessus quels ils sont. Non seulement Montesquieu a compris que les choses sociales sont objet de science, mais il a contribué à établir les notions-clefs indispensables à la constitution de cette science. Ces notions sont au nombre de deux : la notion de type et la notion de loi.

La première apparaît sans aucun doute dans le livre de Montesquieu. Il montre en effet que non seulement la constitution du pouvoir souverain, mais aussi la vie sociale tout entière diffèrent selon les sociétés, et que pourtant ces formes différentes sont telles qu'on peut les rapprocher. C'était la condition nécessaire pour qu'il fût possible de distinguer des types et des espèces ; car il ne suffit pas que les sociétés

---

1 Comte a reconnu, dans son *Cours de philosophie positive* (t. IV, pp. 178-185) *[Éd. Schleicher, t. IV, 127-132]* combien Montesquieu a bien mérité de la Science sociale. Mais son jugement est très bref, en partie inexact, ainsi que nous l'avons vu, et surtout ne parait pas résulter d'une méditation attentive et diligente de la théorie.

présentent d'un côté ou de l'autre certaines similitudes : il faut que leur structure et leur vie puissent être comparées dans leur totalité. Disons plus : Montesquieu ne s'est pas contenté de poser les principes ; il s'en est servi avec bonheur : la classification qu'il a esquissée exprime non sans quelque vérité la répartition même des choses. Il se trompe cependant sur deux points. En premier lieu, c'est à tort qu'il pose que les formes sociales résultent des formes de la souveraineté et peuvent se définir par là. D'autre part, il admet qu'un des types qu'il distingue, le Gouvernement despotique, a par lui-même quelque chose d'anormal : ce qui est incompatible avec la nature d'un type, car chaque type possède sa perfection propre qui, compte tenu des conditions de temps et de lieu auxquelles il répond, est égale à celle des autres.

Quant à la notion de loi, il était plus difficile de la transporter des autres sciences où elle existait déjà, à la nôtre. Dans toutes les sciences, la notion de type apparaît avant celle de loi parce que l'esprit humain la conçoit plus aisément : il suffit de jeter les yeux sur les choses pour y remarquer certaines ressemblances et différences. Mais ces rapports déterminés que nous appelons des lois, étant plus proches de la nature des choses, se trouvent cachés dans son sein ; un voile les recouvre, qu'il faut commencer par écarter pour pouvoir les atteindre et les mettre en lumière. En ce qui concerne particulièrement la science sociale, il y avait certaines difficultés spéciales, résultant de la nature de la vie sociale elle-même. Celle-ci est si mobile, si diverse et si riche de forme variées qu'elle me semble pas pouvoir se ramener à des lois déterminées et immuables. Ajoutons que les hommes ne se croient pas volontiers liés par la même nécessité que les autres réalités de la nature.

Montesquieu cependant, en dépit de l'apparence des choses, affirme qu'il existe dans les choses sociales un ordre fixe et nécessaire ; il nie que les sociétés aient été organisées selon la fantaisie de l'homme et que leur histoire dépende de causes fortuites ; il tient pour assuré qu'il existe des lois gouvernant ce domaine de l'univers. Mais il les conçoit de façon confuse. Elles n'expriment pas, selon lui, comment la nature de la société engendre les institutions sociales, mais ce que sont les institutions qu'exige cette nature de la société, comme si leur cause efficiente devait être cherchée dans la seule volonté du législateur. De plus, Montesquieu donne ce nom de lois à des rapports entre les notions plutôt qu'entre les choses [1]. Sans doute, ce sont celles que la société, pour peu qu'elle soit fidèle à sa nature, observe nécessairement ; mais elle possède la faculté de s'en écarter. Toutefois sa Science sociale ne dégénère pas en une pure dialectique parce qu'il comprend que ce qui est rationnel est précisément ce qui existe le plus souvent en réalité ; cette logique idéale est donc aussi, en partie, dans les choses. Mais il existe des exceptions qui introduisent quelque équivoque dans cette notion.

Dissiper cette équivoque, c'est ce qu'a cherché avant tout la science sociale après Montesquieu. Elle ne pouvait en effet progresser davantage tant qu'on n'avait pas établi que les lois des sociétés ne sont pas différentes de celles qui régissent le reste de la nature et que la méthode qui sert à les découvrir n'est pas autre que celle des autres sciences. Ce sera la contribution d'Auguste Comte à cette science. Il éliminera de la notion de loi tous les éléments étrangers qui jusque-là la faussaient et il revendiquera, comme il est juste, pour la méthode inductive la première place. C'est alors que notre science prendra conscience et de son but et de sa méthode ; c'est alors que toutes les bases nécessaires à son édification se trouveront préparées. Notre opuscule permettra de juger quelle a été dans cette préparation la part de Montesquieu.

(notes)

1 Il faut y ajouter les sociétés qui sont constituées de plusieurs peuples, unis par un lien fédératif. (Liv. IX, chap Ier-III).

---

1 *Durkheim reprend cette idée dans les* Règles de la méthode sociologique, *chap.* 1er, §
1er, *p. 25 (réédition de 1947, p. 19), en l'appliquant à Comte lui-même.* [N . du T .].

ISBN : 978-1511766661

www.ingramcontent.com/pod-product-compliance
Lightning Source LLC
Chambersburg PA
CBHW072257310526
45795CB00012B/1706